生態人類学は挑む
MONOGRAPH 9

微生物との共生

パプアニューギニア高地人の適応システム

梅﨑昌裕 著
UMEZAKI MASAHIRO

京都大学学術出版会

パプアニューギニア高地・ウェナニの人々。ほとんどサツマイモばかりの食事でも、なぜか彼らの身体は筋骨隆々としている。

灰に埋めて調理したサツマイモ。

斜面ゾーンのサツマイモ畑。無造作に雑草が生えているようでいて、サツマイモの肥料になるような草木だけ選りすぐって植えてある。

サツマイモとの「共生」？

食べるのはサツマイモばかり、タンパク質不足なはずの彼らが、どうして筋骨隆々としていられるのか？……私たちの身体とは「何か」が決定的にちがっている高地人たち。調査を続けるなかで見えてきたのは、サツマイモとの「共生」関係だった。

マウンドにサツマイモを植え付ける。霜がおりる高地では、マウンドをつくることでサツマイモを保護する。

サツマイモの生産性向上のために選択的に植樹されている畑。土壌の窒素含有量を増加させるとされる「モクマオウ」が植えられている。

戦争から帰る途中の男たち（田所聖志撮影）。

子ブタにヌタうちをさせる子ども。

喉から手が出るほど欲しい、ブタ

婚資であり、戦争の手打ちのための道具であり、最高のごちそうでもあるブタ。サツマイモが不作のときはブタの食べる分が人間よりも優先されるほどに大切にされている。逆にいえば、彼らはめったに豚肉を口にしないため、タンパク質を摂取する機会は著しく少ない。

男性の正装。戦争で敵の弓矢に当たりにくいといわれる。

石蒸し料理をつくる人々。

石蒸し料理のために解体されるブタ。争いの手打ちのためにブタが差し出される。

ポートモレスビーの中心部。

首都・ポートモレスビーには、「セトルメント」と呼ばれる出稼ぎのための移住先があり、高地とは別の暮らしがある。当然、食生活も変わる。移住者たちは高地での暮らしに比べてタンパク質摂取量は1.5倍、脂質摂取量は3倍にもなる。

憧れのポートモレスビー、別の暮らし

ハヌアバダの海上集落。

ビンロウの小売り。移住者たちの多くが小売業や食品の製造販売などの商売に従事する。

セトルメントでフリの居住するブロック。

糞便の調査。夜明け前に糞便サンプルを持参してくれた男性(田所聖志撮影)。

タンパク質摂取量は不足しているのに立派な筋肉を発達させている若者たち。

腸内細菌と適応

彼らの「低タンパク質適応」の謎を解く鍵は、腸内細菌にある。アミノ酸をつくる細菌が我々日本人よりもはるかに機能していることがわかってきたのだ。主食のサツマイモが人間を耕作に駆動し、人間はそのサツマイモをいただく。その「共生」関係を成立させているのは腸内細菌。つまり、人間と細菌の共生ともいえるのだ。

サツマイモ畑で働く母親と娘。サツマイモの新しい品種を畑に植えることに熱心な彼らは、自然とタンパク質の多い品種を選んでいるようだ。

石蒸しで調理されたサツマイモ、イチジク、マメ。こうした食物繊維を多く含む食生活をもつ人々の腸内細菌叢は、西洋化した食生活をもつ人々のそれとはおおきく異なっている。

混迷する21世紀の荒野へ

地球という自然のなかで人類は長い時間をかけて多様な文化や社会を創りあげてきた。その長い歴史は、人類が自然の一部としての生物的存在から離陸して自然から乖離していく過程でもあった。その結果、現在の人類は地球という自然そのものを滅亡させてしまうかもしれない危険な存在になっている。世界がその危険性にやっと気づきはじめ、資本主義グローバリズムに変わるべき未来像を模索している。

そのような中で生態人類学は自然と文化という人間存在の二つの基盤にしっかり立脚し、人間の諸活動のすべての要素を含みながら、しかも具体的で説得力ある研究を目指すユニークな学問的営為として研究活動を続けてきた。現在地球上で急激に減少している多様な人類文化に着目し、そうした民族文化や地域文化の奥深さを描き出すため志のある研究者が実直で妥協のないフィールドワークを続けている。研究者たちはそこで得られたデータによって描かれる論文や現場に密着したモノグラフ等の作品以外に、この多様な人類のありかたを示す方法はないことを確信してきた。

生態人類学は、一九七三年五月に東京大学と京都大学の若手の人類学関係者が集まり第一回の生態人類学研究会を開催したのが始まりであった。この生態人類学研究会は二三回続き、一九九六年の生態人類学研究会を第一回の生態人類学会研究大会とすることで新たな学会となった。今年度（二〇二〇年）第二五回の生態人類学会研究大会を開催し今日に及んでいる。今や生態人類学を標榜する研究者も数多くなり、さまざまな大学や研究機関に所属している。

生態人類学会は二〇〇二年度に『講座・生態人類学』（京都大学学術出版会）八巻を発刊して、それまでの生態人類学の成果を世に問うている。この講座は、アフリカの狩猟採集民二巻、東アフリカの遊牧民、アフリカの農耕民、ニューギニアの諸集団、沖縄の諸論考のそれぞれに一巻をあて、さまざまな地域のさまざまな生業や生活を対象にした論文集という形のシリーズであった。また、エスノ・サイエンスや霊長類学と人類学をつなぐホミニゼーションに焦点をあてた領域にもそれぞれ一巻をあてている。

この『講座・生態人類学』発刊からすでに二〇年近く経過し、研究分野も対象とする地域ももはや生態人類学という名称では覆いきれない領域にまで広がっている。そして本学会発足以降、多くのすぐれた若手研究者も育ってきている。そうしたことを鑑みるならば、このたびの『生態人類学は挑む』一六巻の発刊は機が熟したというべきである。このシリーズはひとりの著者が長期の調査に基づいて描き出したモノグラフ一〇巻と従来の生態人類学の分野を超えた、領域横断的な研究分野も包摂した六巻の論集からなる。共通するのはいずれもひとりひとりの研究者が対象と向き合い、思索する中で問題を発見し、そして個別の問題を解くと同時にそれを普遍的な問題にまで還元して考究するスタイルをとっていることである。生態人類学が出発してほぼ五〇年が経つ。今回の『生態人類学は挑む』シリーズが、混迷する21世紀の荒野に、緑の風を呼び込み、希望の明りをともす新たな試みとなることを確信する。

日本の生態人類学の先導者は東京大学の渡辺仁先生、鈴木継美先生そして京都大学の伊谷純一郎先生であったが、生態人類学の草創期の研究を実質的に押し進めてきたのは六年前に逝去した掛谷誠氏や今回の論集の編者のひとりである大塚柳太郎氏である。

掛谷誠氏の夫人・掛谷英子さんより掛谷誠の遺志として本学会へのご寄進があり、本出版計画はこの資金で進められた。学会員一同、故人に出版のご報告を申し上げるとともに、掛谷英子さんの御厚意に深く謝意を捧げたい。

『生態人類学は挑む』編集委員会

目次

第4章 高地の食生活

第7章　ポートモレスビー移住者集団の生態学……145

第8章　低タンパク質適応……179

第9章　糞便をあつめる……193

終章……211

序章

1 ホモ・サピエンスの適応

今から三〇年以上前、私が大学生だったころ、何かの授業で、私たちホモ・サピエンスはアフリカで二〇万年前に進化し、その後、地球上に拡散した可能性が高いという話をきいた。最近では、このホモ・サピエンスのアフリカ起源説はほぼ常識になった感じがあるが、当時の私は大変驚いたのを覚えている。二〇万年なんて、恐竜がいたころに比べれば、ごく最近のことだ。ためしに平均世代間隔が二五年と仮定して計算してみると、私はホモ・サピエンスが誕生してから八〇〇〇世代目の人間ということになる。母の母の母の母をわずか八〇〇〇世代さかのぼれば、ホモ・サピエンスに進化したばかりの私の先祖はアフリカで暮らしていたというのか。

さらに授業では、大型の陸生生物で、ホモ・サピエンスのように地球のあらゆる場所に住んでいるものは例外である、という説明がされた。確かに、チンパンジー、ゴリラ、オランウータンなどの類人猿に限らず、図鑑にのっている大型の陸生動物には特定の生息地の名前が記載されている。ホモ・サピエンスだけが、地球上のあらゆる場所に暮らすようになったのはどういうことだろうか。現在のホモ・サピエンスは、食べ物を入手できない南極大陸や空気すら存在しない宇宙空間にまでその生息地を拡大しつつある。ホモ・サピエンスを動物図鑑にのせるとすれば、「あらゆる環境に適応して生活することができる」という説明が必要なのではないか。

一般的に考えて、生物が自分の進化したのと異なる環境で生存することは簡単でない。進化のプロセスで、それぞれの生物は自分が進化した環境（気温、水分の得られやすさ、入手できる食べ物など）に応じた生物的な特徴を有するようになると仮定できるからである。たとえば、寒い環境で進化したシロギツネやホッキョクグマは氷点下二〇度のなかでも問題なく行動できるが、そんなところに衣服をつけない生身のホモ・サピエンスがほうりだされれば、たちどころに凍死してしまうだろう。また、それぞれの生物には、生存のために摂取すべき栄養素があり（栄養要求という）、それを充足できる食べ物がなければ生きていけない。ホモ・サピエンスには、ニホンザルと同じものを食べて生きていく能力はおそらく備わっていない。

ホモ・サピエンスは、自分が進化した、すなわち生物学的に「快適な」アフリカをでて、生物学的に適応していないはずの新しい環境に進出した。それを可能にしたのは、いうまでもなく、さまざまなストレスを緩和するための工夫、すなわち狭義の文化の存在である。生身では氷点下二〇度での活動が難しくても、保温性の高い衣服をまとうことでそれは可能になる。さらに、狩猟や農耕をはじめとする生業にかかわる膨大な知識と技術を有していることは、ホモ・サピエンスの大きな特徴のひとつである。発酵、加熱などの調理技術によって、そのままでは消化・吸収できない食べ物を自分たちの生存に適した性状になるように加工し、また協業と分配にかかわる社会システムは、資源の乏しい環境下における集団レベルの安定的な生存に寄与したことだろう。

さらには、新しい環境への適応のプロセスのなかで、それぞれの環境に適応した遺伝的形質を獲得した（小進化という）こともいくらかは役立っただろう。実際、ホモ・サピエンスは地域集団ごとにその表現型が多様であり、体の大きさ、瞳の色、毛髪など外見の性状だけでなく、さまざまな疾患への感受性なども異なっている。

このような適応と進化のプロセスを経て、ホモ・サピエンスは、文化的・遺伝的に多様な地域集団を形成し今日に至っている。実際には、環境への適応がうまくいかずに絶滅した集団も珍しくなかったはずで、現代社会にみられる地域集団は、それぞれの環境にそれなりに適応してきたものであるといえるだろう。

このような考え方は定説になっており、私も、ホモ・サピエンスが文化をもち小進化をしたことが、地球上に多様な地域集団が形成されたことの必要条件なのだとおもう。しかし、それは十分条件でもあるだろうか。現代社会のように、流通ネットワークが発達し、食べ物が工業的に生産される世界では考えにくいけれども、かつての人類の食生活は地域ごとに多様であった。極北の人類集団が主に食べていたのは陸生動物、海生動物、魚類であり、植物性食品の摂取は限られていたといわれる。アフリカの牧畜民の中には、エネルギーの七〇％以上を乳および乳製品から摂取した集団が報告されている。エチオピアには醸造したアルコール飲料を主食とする民族も存在する。これらの集団の個人が日本の栄養士の診断を受けると、「肉の食べ過ぎ、野菜と穀類をもっと食べましょう」、「乳製品のとりすぎ、野菜と穀類をもっと食べましょう」、「酒の飲みすぎ、ご飯のかわりに酒を飲むのはやめましょう」などと指導されるだろう。いずれも、現代栄養学で理想とされるバランスのとれた食生活とは程遠いものである。また、縄文人の骨から抽出したコラーゲンを対象にした窒素と炭素の安定同位体比分析は、縄文人の食生活が植物性食品への依存の強いものから動物性食品への依存の強いものまで、地域ごとに多様であったことを明らかにしている。

このようにホモ・サピエンスは、それぞれが居住する環境条件に応じて多様な食生活を成立させてきた。そしてそのなかには現代栄養学の基準に照らせば適切ではないものもおおかったと考えられる。雑食性は、教科書的にはホモ・サピエンスの生物的な特徴のひとつとして紹介されるものの、ではどのようなメカニズムで雑食が可能になっていたのか、栄養学的に不適切な食生活での生存が可能になっていたのかという問いには明確

写真序-1 河床の井戸で牛に給水するドドスの人々（河合香吏撮影）

な解答が存在しない（写真序―1）。

2 腸内細菌叢と適応

文化的・遺伝的な適応のプロセスに加えて、それぞれの地域集団の生存には、腸内細菌叢による栄養修飾が大きな役割を果たしてきたのではないかと主張するのが、本書の最終的な目的である。私が高校生の頃に勉強した生物の教科書には、大腸の機能は水分を吸収することであると書かれていた。大腸のなかには善玉菌と悪玉菌、日和見菌がいて、善玉菌が優勢だとおなかの健康が保たれるともいわれていたように思う。ところが、近年のゲノムシークエンス技術およびシステム生物学の発展により、善玉菌、悪玉菌、日和見菌とい

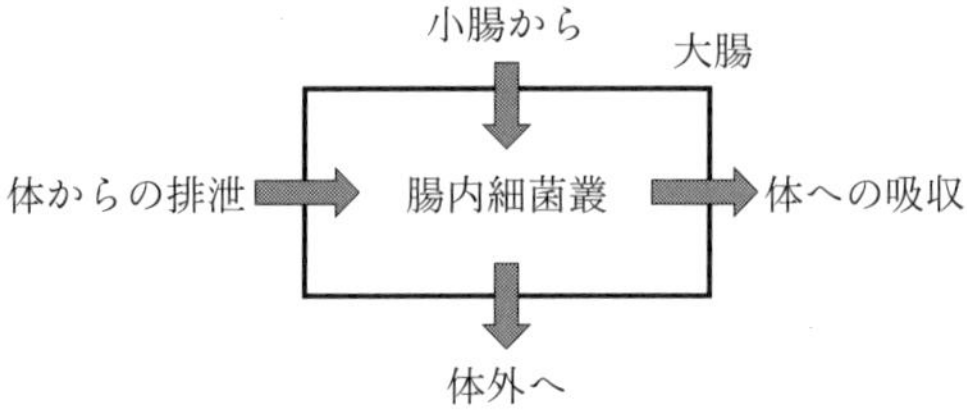

図序-1　大腸という臓器

う区分はそれぞれの細菌の限られた側面のみに着目した分類であり、実際には同じ細菌でも人間の生存に対してさまざまな機能を有することが明らかになってきた。それぞれの機能が良いか、悪いか、良くも悪くもないかは、それぞれの個人あるいは集団のおかれた環境にも依存するものであり、たとえば、必須アミノ酸を生合成する細菌の機能は、そのアミノ酸の不足する食生活をもつ個人あるいは集団にとっては「良い」機能であるのに対して、十分な動物性食品を摂取する集団にとっては「良くも悪くもない」機能である（図序―1）。

私たちの大腸にはおよそ一キログラムの細菌が存在しているといわれる。その細菌がそれぞれ共生、競合などのかかわりをもちながら存在しており、大腸には細菌の生態系（これ以降、細菌叢とよぶ）が形成されている。どのような細菌叢が存在するかによって、大腸は多様な機能をもちうる。心臓や肝臓、肺、腎臓などの機能が人間の遺伝子によって規定されているのと対照的に、大腸の機能のある部分は、そこに存在する細菌叢によって規定されているのである。

3　パプアニューギニア高地食の問題点

私がこのようなことを考え始めたのは、一九九四年、パプアニューギニア高地のタリ盆地にある村落部で調査をしていたころである。タリ盆地には狩猟の対象となる野生動物がほとんど存在しなかった。パプアニューギニアの多くの地域で重要なタンパク質源となっている昆虫などの小動物も少なく、食用にされるのをみたことがない。主食はサツマイモであり総エネルギーの七〇％以上を占めていた。ほとんど唯一の動物性タンパク質源である家畜のブタは、婚姻や戦争の終結などの場面でつかわれる交換財としての意味がおおきく、実際に食べられる量はわずかなものであった。

生態人類学の調査をするとき、私たちは基本的には調査地の人と同じものを食べる。町で買って持ち込んだお米とサバの缶詰を食べることはあったものの、それは例外的な食事である。タリ盆地の調査では、人々の主食であるサツマイモを食べて暮らした。サツマイモは日本の焼き芋のように嗜好品として食べるのであれば甘くておいしいが、主食として食べるのは大変である。精米した米に比べると固いのでよく噛まないといけないし、たくさん食べるには甘すぎる。

サツマイモを食べ始めると、いくつかのおもしろい変化が私の体にあらわれた。最初に経験したのは頻尿である。水をたくさん飲んだわけでもないのに、何度も何度もたくさんの尿がでる。村について二日目の夜が一番大変で、何度も尿意をもよおすため寝る暇もないくらいだった。ただこの頻尿は三日くらいで消えた。もうひとつは便通がとまったことである。日本では毎朝快便だったので、便通が止まるという経験は恐怖であった。ただ便通がないだけで、お腹が痛くなるわけでもなく、食べたものがどこかに消えていくような感覚であった。それから一週間くらい便通のない状態が続き、本格的に心配になったころ、今度は怒涛の便通が再開した。大量の便が一日に何度もでるのは快感であった。

より深刻な問題は調査をはじめて四か月くらいたってから起こった。傷が治らなくなったのである。最初は、ノミに噛まれたところを掻き壊してできた傷の治りがわるくなった。次には、ノミの噛み跡が化膿するようになり、しまいには蚊に刺されたあとがことごとく化膿するようになってしまった。化膿は皮膚の深いところに達し、私の体は内部が化膿した瘡蓋だらけになってしまった。

頻尿については、塩なしの食生活になったことが原因ではないかと思う。塩のとりすぎで血圧があがる理由のひとつは、体水分量の増加にともない血液の量が増えることであるといわれる。日本での食事ではあらゆるものに塩分が含まれているのにたいして、パプアニューギニア高地では調理に塩分をつかわないことがおおい。便通の消失と復活は本当に不思議だった。このモノグラフでの私の主張にひきつけていえば、それは腸内細菌の交替劇だったのではないか。腸内細菌のエサは、私たちが食べたもののうち消化吸収されずに大腸におくられた食物の残渣（食物繊維など）、私たちが消化管に排泄する物質（尿素など）、細菌の分泌／排泄する物質（アンモニアなど）、そして腸管に存在する細菌など微生物の死骸である。何を食べるかによって大腸にもたらされる食物残渣の種類と量は変わるし、私たちが消化管に排泄する物質の種類と量は、身体の代謝の全体的な状況を反映して変動するだろう。腸内細菌は、大腸の内部において生態系を形成しているので、そこに提供される物質の種類が変われば、細菌種の構成が変化し、それがさらなる細菌種構成の変化につながる。食生活をふくむ日常生活の変化は、腸内生態系に影響を与え、それが平衡状態に達するにはいくらかの時間が必要である。私が日本から連れていった腸内細菌たちは、私がタリ盆地で暮らすようになったために、サツマイモの残渣をエサにしなければならなくなった。日本の生活で私が消化管に排泄していた物質のなかには、その供給量が減少したものもあっただろう。その結果、パプアニューギニア高地での生活に適応できなかった細菌は数を減らした。一方で、パプアニューギニア高地で調査をしたときの私の腸内環境に適応した細菌は数を増やし、また周辺の環境から私の大腸に侵入し、定着した細菌もいたと思う。便通がとまったのは、日本からもっていった細菌が活動をやめたからであり、それに続く大量の排便は日本からもっていった細菌の死骸が便としてでてきたのではないか。

傷の化膿は、明らかなタンパク質不足の症状だったと思う。タンパク質は、生物にとってもっとも重要な栄養素のひとつである。体を動かす筋肉の主たる材料になるほか、酵素やホルモン、ひいては核酸（DNA）など、生物の根本的な機能を担う物質の材料となる。したがって、十分な量のタンパク質が摂取できない状態が続くと、生体の機能が維持されなくなる。私の場合は、タンパク質不足によって免疫にかかわる機能が低下したことで、蚊の刺し跡までが化膿するようになったと想像される。その時に怖い感染症にかからなかったのは、幸いであった。

不思議だったのは、同じようなサツマイモ中心の食生活を送りながら、タリ盆地の人たちは私のように傷が化膿することもなく元気に過ごしていたことである。それどころか、人々は大きな大胸筋や広背筋、上腕二頭筋を発達させていて、タンパク質が不足しているようには全くみえなかった（写真序―2）。私とパプアニュー

写真序-2　タンパク質摂取量は不足していると推定されるにもかかわらず若者は立派な筋肉を発達させている

ギニア高地の人とではタンパク質の栄養にかかわる「何か」が決定的に違っていることを、自分の体におこった変化によって確信するようになった。その「何か」の鍵をにぎるのは、おそらく腸内細菌であり、いつかその研究をしてみたいと思った。

4　調査の経緯

私がパプアニューギニアで最初に調査をしたのは高地ではなく、低地セピック州のコンビオ語を話す人々の村落であった。焼畑でタロイモ、ヤムイモ、バナナ、葉もの野菜を栽培し、サゴヤシの澱粉の採取、ノブタ、ワラビー、オポッサム、ヒクイドリの狩猟、そして昆虫やキノコ、野生の果実の採集を組み合わせた生業社会は、一九六〇年代から一九七〇年代にかけて関心がもたれた機能主義的なパプアニューギニア人類学の民族誌が描く世界であった。村では日常的にブラックマジックが議論され、それが人間関係を強く規定しているのが印象的であった。一方で、ニューギニア社会については、既にたくさんの民族誌があるなかで、コンビオの村落で新規性のある調査ができるのかという不安もあった。

そのころ、研究室の先輩の稲岡司さん（当時、熊本大学）が文部省（当時）の在外研修制度で、パプアニューギニア医学研究所に半年ほど滞在されていた。その時、稲岡さんは、パプアニューギニアのなかでの新しい調査候補地を探すために、パプアニューギニア高地を中心に巡検をされた。その話を伺う中で私が興味をもったのは、タリ盆地に暮らすフリ語を話す人々（以降、フリとよぶ）の話であった。

一九九三年頃、タリ盆地から北に歩いて一日のところにあるマウントカレで金がみつかり、ゴールドラッシュが起こっていた。フリのなかでマウントカレの土地所有権を主張する人たちは、マウントカレで砂金をあつめ、大金を手にしているという。タリの町には砂金を集めて大金を手にした人々を対象に腕時計などの贅沢品を売る人が集まり、砂金掘りの人がタリとマウントカレを行き来するためのヘリコプター輸送サービスが始まっていた。砂金で儲けた人のなかには、首都ポートモレスビーの高級ホテルで豪遊している人すらいるという。その一方で、タリ盆地にはビールを飲んで酔っ払う人があふれ、あちこちで喧嘩がおこり、それをきっかけにした部族内戦争が頻発しているともいう。自然にうまく適応した美しいニューギニア社会ではなく、混乱と混沌のフリの社会になぜか魅力を感じ、博士課程の研究ではタリ盆地で調査をすることにした。

私がパプアニューギニアで初めて調査をしたのは一九九一年であり、一九九二年とあわせておよそ五か月を東セピック州のコンビオ語を話す人々の村で過ごした。一九九三年と一九九四年は合計一〇か月ほどをタリ盆地の調査に費やし、一九九四年と一九九五年は首都ポートモレスビーにあるフリの移住者集落で三か月の調査をおこなった。一九九八年には、国連大学が主導した農耕の生物多様性維持機能を研究するプロジェクトに参加し、タリ盆地で二か月ほどの調査を実施した。一九九三年から一九九八年までの調査では、その大部分の期間を、対象とする集団の食料生産方式の調査、センサス・家系図作成、土地利用図作成、作物生産性の推定、生活時間調査、食事調査、食品サンプル収集、農耕の持続性を支える植物利用調査など、ノートとボールペン、コンパス、メジャー、バネばかりをつかった生態人類学の基礎的なデータ収集に費やした。調査をしている間、日常的に親族集団間の争い／戦争が起こるのを観察できたので、はからずもその調査にもそれなりの時間をつかった。あらかじめ明確な目的なく調査をはじめ、集めたデータを眺めながら、どういう分析をしようかと考えたために、論文の発表までには長い時間がかかってしまった。いま思えば、もうすこし効率的に調査をすすめられたような気もする。

その後、二〇〇〇年から二〇〇八年にかけて中国・海南島の少数民族であるリー族の調査をおこなった。お酒のないパプアニューギニアの村落調査から、一日に三回お酒を飲まなければならないリー族の調査への移行は個人的には強烈なカルチャーショックを感じるものであったが、国家の経済成長が辺縁部に暮らす少数民族に与える影響を間近に観察することができたのは幸運であった。

二〇〇七年と二〇〇八年には、アジア・太平洋諸国で農薬／重金属暴露の健康影響を評価するプロジェクトに参加し、パプアニューギニア東高地州とマダン州の村落部において尿サンプルを収集する経験をした。その調査に参加するまでの私は、ノートとボールペン、コンパス、メジャー、バネばかりをつかった調査こそが生態人類学の本道であると考えており、サンプルを収集してバイオマーカーを測定するような研究を軽視する傾向があった。しかし、実際に一〇〇〇人の尿サンプルを収集する調査に参加したことで、サンプリングを成功させるには独特のノウハウが必要なこと、測定されたバイオマーカーのデータは対象集団の適応システムを評価するために有効な情報になりうると考えるようになった。

例えばタリ盆地で、「肉の摂取量に性差があるか」というテーマについて聞き取り調査をすると、ほとんどの男性はいろいろな理屈付けをしながら「肉があったら女性や子どもにやる。俺たちは食べなくてもいい」などというものである。しかし、私たちが実施した毛髪に含まれる窒素の安定同位体比の測定結果はそれが実際には実践されていないことを示していた（Umezaki et al. 2016）。聞き取り調査で人々が語ることをどのように解釈するかについては、文化人類学の領域でもさまざまな検討がなされているが、生体試料を対象にした測定という方法はそのなかのある部分については客観的なデータを提供するのだと思う。

二〇一〇年から「パプアニューギニア高地人がサツマイモを食べて筋肉質になるのはなぜか」プロジェクトが、内閣府の最先端・次世代研究開発支援プログラムに採択されたのは幸運であった。このプログラムでは、若手研究者が裁量をもってプロジェクト運営に専念することが求められていた。そのため、受給予定であったほかの科学研究費補助金プロジェクトなどはすべて中止することが求められたが、結果的に研究費ごとに書類作成と予算管理につかっていた時間を節約できた。このプロジェクトは、パプアニューギニア高地人の低タンパク質適応に腸内細菌叢が果たす役割を研究することを目標にしていたので、バイオインフォマティックスによる細菌叢の評価、代謝マーカーの生化学的評価、無菌動物をつかった動物実験など、自分の研究室だけでは実施できない研究を実施するための準備が必要であった。二〇一〇年から二〇一三年にかけて実施したプロジェクトではパプアニューギニアの四地域（高地三地域、高地以外一地域）で合計二五〇人の糞便を採集した。このプロジェクトでは、田所聖志さん（当時秋田大学、現在東洋大学）、馬場淳さん（和光大学）、夏原和美さん（当時日本赤十字看護大学秋田、現在東邦大学）、小谷真吾さん（千葉大学）などのニューギニア研究者にサンプル収集のときに献身的に協力いただいた。ノートとボールペン、コンパス、メジャー、バネばかりをつかった単独での研究と、たくさんのメンバーで共同して糞便サンプルを集め、実験室でゲノムを読み、生化学指標を測定し、無菌動物の腸管に糞便を移植して行動を観察する研究では、そのアプローチが全く異なってみえるが、私のなかではどちらも生態人類学の研究である。

5　本書の構成

本書は大きく二部構成になっている。第1章から第7章では、ノートとボールペン、コンパス、メジャー、バネばかりをつかって実施した調査の成果を紹介する。第1章から第4章はフリの生存システムについての記述的説明が中心となっている。第5章から第7章では調査中に経験した「混乱と混沌」の事例をつかいながら、フリの人々が経験する動的な変化を説明したい。第8章以降ではホモ・サピエンスの適応と進化に腸内細菌叢が果たした役割について、パプアニューギニアでの研究成果を参照しながら論じたい。私としては、第1章から第7章で説明する成果を前提として第8章以降で紹介する研究が実施されたことが重要であり、それをふまえて生態人類学のこれからの展開についてひとつの提案をするという意図もある。

調査でお世話になった方の記載について

いうまでもなく、生態人類学の調査は、調査地の人々とのかかわりのなかですすめられる。サツマイモ畑のなかを歩きながら話したこと、居候をさせてもらう家の人との日常、調査地でおこるさまざまな争いをみながら考えたことなど、きわめて個人的な、言ってみれば日記に書くようなことが調査の中身である。しかも、調査地で生まれ育った人たちに比較すると、私の調査地にかかわる理解は全く不十分なものであり、自分の経験に照らした推測などを、調査結果として認識していることもあるだろう。何より、研究のためではなく、日常のなかでのパプアニューギニアの人々との会話や感情の発露を、私の視点により切り取ってモノグラフに記載することは、適切ではないのではないかと感じる。したがって、このモノグラフには、調査地でいろいろなことを教えていただいた個人を特定することなく、彼、彼女、人々など、性別と年齢以外の個人属性を含まない書き方を心がけることとした。調査が人々とのかかわりのなかですすむのであれば、その人々がどのような個人であるかということは重要な前提条件になることは認めつつも、あえて個別のコンテクスを外したフリの適応システムにかかわるモノグラフとして、この本をつくってみたい。

第1章

フリの社会システム

1 パプアニューギニア高地

ニューギニア島はオーストラリアの北に位置している。面積は日本の約二倍であり、島の東半分が一九七五年に独立したパプアニューギニア、西半分がインドネシアによって領有されている。島の中央部には標高五〇〇〇メートルを超えるジャヤ山をはじめとする山岳地帯があり、その中でも標高一二〇〇～二〇〇〇メートルに位置する盆地や渓谷には高い密度で人々が居住している。この地域は肥沃な土壌と適当な雨量のため農耕に適し、またマラリアの濃厚な感染地域ではないという特徴を有しており、高地（Highlands）と呼ばれている。

パプアニューギニア側の高地は、行政的にヘラ州、南高地州、ジワカ州、エンガ州、西高地州、チンブー州、東高地州の七つに分かれている。パプアニューギニア高地を東西につなぐ通称ハイランドハイウェイは、西の起点であるコピアゴから、タリ（ヘラ州）、メンディ（南高地州）、マウントハーゲン（西高地州）、ゴロカ（東高地州）などの主要都市を通り、ニューギニア島の北側沿岸部にある商業都市ラエへと向かう。ハイウェイといっても舗装されているのは東側だけであり、その西側部分、特にタリからコピアゴにかけてのハイウェイは穴だらけの細い道路である。東高地州、西高地州で生産されるコーヒーや紅茶などの換金作物は、この道路でラエに運ばれ国外へと輸出される。

パプアニューギニア高地のなかで、一〇〇から一五〇年前にサツマイモを導入した高地東部の人口密度は一平方キロメートルあたり二〇から四〇人、二五〇から三〇〇年前にサツマイモ栽培を始めた高地西部の人口密度は一平方キロメートルあたり一〇〇から一五〇人に達している。この東西による人口密度の違いは、サツマイモの導入によって高地の人口が飛躍的に増加してきたことを示唆している。大塚柳太郎さんの推定によると、パプアニューギニア高地にサツマイモが導入されてから現在までの人口増加率は年平均一・五から一・七％であり、これは予防接種など医療サービスが導入された近年のパプアニューギニアの平均的な人口増加レベルとそれほどかわらない（大塚 一九九三）。

パプアニューギニア高地に暮らす人々は、五万年から六万年前にサフル大陸（海面の低下によって地続きになっていた現在のオーストラリア大陸とニューギニア島）に到達した人々の子孫であると考えられている。オーストラリアの考古学者のグループは、パプアニューギニア高地でバナナとコロカシア属のタロイモが栽培化されたと主張している。バナナについては九〇〇〇年前、コロカシア属のタロイモは六〇〇〇年前に栽培化されたと推定されている。そのほか、現在も多くの品種がみられるタコノキ（パンダナス属）についても、パプアニューギニア高地で栽培化されたとする説が有力である。現在では、パプアニューギニア高地の全域においてサツマイモが最も重要な作物となっている。一九七〇年代の民族誌によれば、サツマイモに加えてコロカシア属のタロイモが重要な作物として栽培されていた地域もあったようである。しかし、その栽培は過去五〇年間で大きく減少した。

パプアニューギニア高地の南側に隣接する地域（高地辺縁部とよばれる）はマラリアの流行地域であり、高地に比較すると雨が多く、日照エネルギーも限られている。高地辺縁部よりさらに標高の低い山麓部にいくと人口が希薄になる。人口移動は高地から高地辺縁部、さらに山麓部に向かう方向で優勢であり、高地辺縁部と山麓部は、高地で増加した人口の受け皿になっていると考える研究者もいる。高地辺縁部から山麓部にかけて、標高が低い地域ほど死亡率が高い。

2　調査地域

私が調査をしたのは、パプアニューギニアのヘラ州の中心にあるタリ盆地である（図1―1、三五頁）。そこにはフリ語を話す人々が居住している。人口約九〇〇万のパプアニューギニアには八〇〇以上の言語集団が存在するといわれ、単純計算すると一集団あたりの人口はおよそ一万人となる。ところが、フリ語を話す人々の人口は一〇万人以上といわれており、パプアニューギニアのなかでは飛び抜けて大きな言語集団である。なお、人口のおおい言語集団は、タリ盆地に隣接する地域（エンガ州、西高地州など）におおくみられる。タリ盆地は、パプアニューギニア高地のなかでも西側に位置しており、前述のように、そこに人口サイズの大きい言語集団が存在することは、サツマイモの導入が人口増加の背景になっていたことの傍証となっている。

タリ盆地の中央部、標高一六〇〇メートル付近には滑走路一本の飛行場があり、その周辺には銀行、病院、郵便局、市場、そして数軒の商店があつまっている。新型コロナウイルス感染症が流行する前は、タリの町で部族内戦争が激化した時期を除いて、首都ポートモレスビーとの間には週に数回、三〇人乗りほどのプロペラ機が往復していた。飛行機がくる日には、タリに大きな市場がたち、たくさんの人が周囲の村々から集まってく

写真1-1　タリの飛行場の到着客をみるために集まった人々

る。ポートモレスビーからやってきた飛行機のエンジン音が遠くの空から聞こえてくると、町に集まった人びとの大部分が飛行場にむかう。飛行機のタラップから降りる人は、飛行場のフェンスに沿ってびっしりと並ぶ人びとに観察されることになり、首都から帰ってきた親族・友人、おもしろい旅行者の状況は、あっという間に伝達される（写真1―1）。私たちがタリ盆地で調査をするときには、タリに到着してからの数日を地元の女性団体が運営するゲストハウスで過ごし、いろいろな準備をすることにしていたが、連絡もしていないのに、村の友人が私たちをゲストハウスに訪ねてくるのが常であった。

飛行場を中心として盆地の北側と東側の斜面には、標高二〇〇〇メートルを超えるあたりまで人々が居住している。フリの居住する地域は、西側はドゥナ語を話す集団の居住地、南側ではエトロ語を話す集団の居住地とそれぞれ隣接している。

タリ盆地の探検がはじまったのは一九三〇年代であり、少なくとも第二次世界大戦以前は西洋文明の影響は皆無であった。植民地政府による飛行場や道路の建設がはじまったのは一九五〇年代のことである。さまざまな教派のキリスト教会が布教をはじめるとともに、学校や病院を設立した。一九七五年のパプアニューギニア独立の前後には、コーヒーなどの換金作物が導入された。飛行場の周辺には、米やサバ缶、砂糖、植物油、小麦粉などオーストラリアから輸入された食品を販売する小売店もつくられた。近年では、タリ盆地周辺での鉱山開発（マウントカレの金鉱山、ハイズの天然ガスなど）が本格化し、地域社会の経済に大きな影響を与えている。

タリ盆地における一年あたりの平均雨量は約二七〇〇ミリメートル、年平均気温は一八度前後である。はっきりした季節性はなく、いわゆる高原気候なのですごしやすい。涼しく乾燥しているためか、水浴びをする習慣がないのは一日に何度も水浴びをする低地とは対照的である。私が一九九三年にはじめてタリ盆地を訪れたのは快晴の日であり、涼しく気持ちの良い風が吹き、南東方向にそびえる標高三五〇〇メートルのドゥナ山が秀麗であった。オーストラリア、欧米出身の宣教師が、パプアニューギニアのなかでも高地におおいのは、この快適な気候も関係しているのかもしれない。

ふだんは素晴らしい気候のタリ盆地ではあるのもの、平均すると五年から一〇年に一度の頻度で旱魃あるいは長雨が発生する。東太平洋の海面水温の変動によるエルニーニョ現象の際には旱魃が、ラニーニャ現象の際には長雨が起こりやすいといわれている。ほぼ赤道直下にあるにもかかわらず、旱魃の時期には放射冷却によって早朝の気温が〇度以下に下がることもめずらしくない。旱魃によって水が不足するとサツマイモの生育が遅れる。さらに深刻なのは繰り返し霜がおりた場合である。最近では一九九七年から一九九八年のはじめにかけて、一〇〇年に一回の深刻さといわれる旱魃が、タリ盆地を含むパプアニューギニア高地全域で発生した。これは、メディアでも大きくとりあげられ、日本を含む海外から大量の援助物資が送られた。

長雨も主食のサツマイモの収穫に深刻な被害をもたらす天候不順である。タリ盆地の主たる作物であるサツマイモは乾燥した土壌を好み、水分量の多い土壌ではイモの肥大が始まりにくいため、長雨が続くとその数か月後にサツマイモの生産性が大きく低下する。植物が枯れはてる衝撃的な景観をともなう旱魃に比べて、長雨の被害は目にみえにくく、その深刻さが見過ごされがちである。

人口密度からみると、タリ盆地はタリの町を中心にした同心円状の構造をもっている。すなわち、町の周辺では人口密度が一平方キロメートルあたり二〇〇人をこえ、一つの世帯が所有する畑の面積は小さい。それが町から離れると五〇〜一〇〇人、さらに外側の周縁部では五〇人以下になる。町の周辺に居住する人びとは、市場で農作物を売ることによって現金収入を得るものが多く、また賃金労働に従事する割合も高い。

3 生業 サツマイモの集約的栽培

パプアニューギニアの焼畑農耕では、さまざまな作物が混植される。私がタリ盆地の前に調査をした東セピック州のコンビオの焼畑には、タロイモ、ヤムイモ、サツマイモ、バナナ、サトウキビ、アイビカをはじめとする葉もの野菜、パパイヤ、パイナップル、カボチャ、トマト、スイカ、さらには観賞用の花までが栽培されていた。対照的に、タリ盆地の畑には、ほぼサツマイモだけが植えられている。正確にいうとサツマイモに加えて、サトウキビ、ピトピト（*Setaria palmifolia*）、ケレバ（*Rungia klossii*）などが植えられているものの、サツマイモ以外の作物の生産量はわずかなものである。

現在、フリにとって畑といえばサツマイモ畑のことを意味する。かつてはコロカシア属のタロイモがマウンドのない湿地帯の畑（ララ）で栽培されていたが、いまでは家の横にあるキッチンガーデンおよびサツマイモ畑の周りにつくられた土塁にわずかに植えられるのみである。小さなキッチンガーデンでは、サツマイモ、タロイモの他に、バナナ、サトウキビ、マメ類、トウモロコシなどが栽培される。

サツマイモに特化した農耕が成立した背景として、約四〇〇年前におこったロング島での噴火と降灰が大きな意味をもっていた。ロング島はニューギニア島の北側、ラエの沖合に位置する火山島であり、現在、島の中央部にはカルデラ湖が形成されている。ロング島の火山が爆発したことでパプアニューギニア高地全域に大量の火山灰が堆積したと考えられており、それは水はけのよい土壌を好むサツマイモの耕作に適した環境をつくりだした。

ロング島の噴火では、空が火山灰で覆われ、太陽のみえない日が何日も続いたと推測されている。「昼が夜になった」という昔話は、パプアニューギニア高地全域で広く伝承されており、フリ語ではビンギとよばれている。現在、タリ盆地に暮らしているフリの先祖が人になる前、すなわち始祖につながる「なにものか」が存在した頃、その「なにものか」はサツマイモを知らず、木の皮を食べて存在していたという。「なにものか」が存在していたころに、昼が夜になり（ビンギがおこり）、フリの始祖であるヘラが生まれ、サツマイモを食べ始めたといわれている。このビンギというできごとは、ロング島の噴火にともなう降灰がひきおこした日照障害に対応すると考えられている。

私の聞き取り調査の結果をふまえれば、一九九〇年代の調査で対象とした世代からフリの始祖まではおよそ一〇世代であった。仮に一世代の平均間隔が三〇年と仮定すれば一〇世代前の始祖が生きていた時期は今から三〇〇年前と推定される。これはタリ盆地においてサツマイモ耕作が三〇〇年前に始まったとする考古学的証拠とおおよそ一致する。今日みられるフリ社会の成立に、火山の噴火とサツマイモの導入が大きくかかわったことは間違いないだろう。

二〇世紀の終わり頃、タリ盆地のいくつかの原理主義キリスト教会が（おそらく信者を増やすことを目的に）終末論を喧伝していた時期があった。そこではビンギの概念がつかわれ、「世紀の終わりには再びビンギが起こって昼と夜が入れ替わり新しい世の中が始まる。かつて、ビンギによって私たちの先祖が誕生したのと同じである。新しい世の中で幸せに生きるために教会の信者になろう」ということが語られていた。

話を現在のサツマイモの栽培に戻そう。サツマイモの栽培方法によって、タリ盆地は大きく二つの生態学的ゾーンにわけることができる。一つはタリの町から南東にかけての部分と、タリ盆地を流れるタガリ川やテビ川などに沿った湿地帯に広がる平坦部である（湿地ゾーンと呼ぶ）（写真1―2）。このゾーンにつくられる畑は肥沃で、休耕期間をおくことなく連続的に使用することができる。タリ盆地のなかでは標高が低く、栽培される作物の種類も相対的に多い。ただし、サツマイモの生産性を維持するには、畑の周囲に深さ二から三メートルの深さの溝を掘ることによって土壌の水分含有量を適切なレベルまで下げることが重要な作業となる。実際、湿地帯には幅の広い溝が大きな川にむかって何本も掘られ、その溝に向けて、畑を取り囲む細い溝から水が流れ込んでいる。湿地帯に新しく作った畑（ララ）では土壌水分量がおおいので、畑の中にも小さな溝を縦横に掘り、

写真1-2　湿地ゾーンのサツマイモ畑

そこから周りの溝に排水するような構造がとられている。湿地ゾーンの畑には直径が三〜四メートル、高さ五〇センチメートルほどのマウンドがつくられ、そこにサツマイモが植えつけられる。部族内戦争などにともなう短期間の中断、長雨に伴う洪水で水没した期間を除けば、湿地ゾーンにあるほとんどのサツマイモ畑が少なくとも一〇〇年以上連続的に耕作されてきたといわれている。

もう一つの生態学的ゾーンは、斜面が多く起伏のある地域である（斜面ゾーンと呼ぶ）（写真1―3）。タリ盆地の一次植生であった森林は、タリの町から遠く離れた標高が高いところを除くとほとんど消失しており、斜面ゾーンでもほんのわずかしか残っていない。この地域で農耕を持続的に行うには、一〇年程度の耕作につづいて一〇年から一五年の休耕期間が必要とされる。十分に生育した二次植生

写真1-3　斜面ゾーンのサツマイモ畑

を開墾した畑（エイマ）は肥沃であり、サツマイモに加えて、マメ類、トウモロコシ、カボチャ、ケレバ（*Rungia klossii*）やアルバ（*Amaranthus* spp.）などの在来の葉もの野菜が積極的に植えられる。この段階でつくられるマウンドの大きさと形は、それぞれの畑の地形に応じて決められる。このうち、集めた落ち葉を覆うようにつくった直径三〇センチメートルほどの小さなマウンド（ティンディニ）、あるいは特定の樹木（クバロ［*Ficus* sp.］、フビ［*Ficus* sp.］、タバジャ［*Albizia falcataria*］など）の切り株のまわりにつくられた直径3メートル以上の大きなマウンド（パンドパンド）は、特に肥沃であるとされる。その後、耕作サイクルを経るごとにマウンドの大きさは直径二〜三メートルに統一され、植え付けられる作物もサツマイモに限られていく。耕作サイクルを経るごとに、サツマイモの生産性は低下し、およそ一〇年で畑は放棄される。斜面ゾーンで農耕を持続的におこなうためには、休耕により十分な二次植生を生育させなければならないが、現在では人口増加による土地不足により短い休耕期間で次の耕作が始められることが多い。こうした休耕期間の短縮は、後に説明するように耕作地の生産性を低下させ人々の生活を脅かしつつある。

サツマイモを植え付けるためのマウンドをつくる際には、なるべくたくさんの枯れ草をすきこむようにする。そこに三〜四本に束ねたサツマイモの蔓を植え付ける。一〜二回の草取りを経て、植え付けから五〜六か月ほどで収穫が始められる。初めての収穫では、マウンドの土を丁寧にかき分けながらサツマイモの生育状況を確認し、十分に大きくなったイモだけを選択的に収穫する。それからの数か月間は、イモの成熟にあわせて断続的に収穫が続けられ、最終的にはシャベルを用いるか、ブタを放すかのいずれかの方法でマウンドを壊し、全てのサツマイモを収穫する。植え付けからマウンドを壊すまでの期間はおよそ一年である。

4　ブタの飼養

タリ盆地の生業でサツマイモ耕作と並んで重要なのはブタの飼養である。湿地ゾーンでは世帯あたり五〜六匹、斜面ゾーンでは世帯あたり二〜三匹のブタが飼養されていた。基本的に舎飼いされるが、数が多い場合は一部が湿地帯などで放し飼いにされる。主たる餌はサツマイモで、基本的には収穫のなかからクズイモを選んで与えられる。ところが、ほとんどの世帯ではクズイモだけではブタの餌をまかないきれず、人間が食べてもいいような立派なイモを加えて与える。したがって、人間とブタはサツマイモをめぐる競合関係にあると考えることもできる。実際、収穫されたサツマイモの半分以上はブタの餌として用いられ、しかも、その比率は天候不順で収穫が減少したときも変わらない。「人間は空腹を我慢できる。しかしブタは空腹を我慢できない」として、サツマイモが不足すると人間よりもブタを優先して配分する傾向さえみられる。

森林が減少し、野生動物の狩猟機会が消滅した状態では、動物性タンパク質源としてのブタの重要性が相対的に増加する。大量のサツマイモを与えて育てるわりにはブタの成長はおそく、口にする機会はそう多くない。しかし重要なことは、常畑化したサツマイモ耕作で生きるタリ盆地の人々にとって、まとまった動物性タンパク質を摂取するためにはブタを飼養する以外に手段がなかったということである。「イモをブタに変える」ことが、必要最小限の動物性タンパク質を確保する唯一の手段であった。

ブタはタリ盆地の人々にとって間違いなく一番のご馳走であり、「公衆の面前で食べるのはよくない」とされ、「もしそうすると、うらやましいという人々の思いによって腹痛をおこす」と考えられている。確かに、人々は儀礼的なイベントとして石蒸し焼きでブタを調理した際も、その場でサツマイモやカボチャだけを食べ、豚肉は家に持ちかえる。せっかく皆で長い時間をかけて石蒸し焼きをやったのだから、豚肉も熱いうちに楽しく共食すればいいのにと思ったものである。また、「人が石蒸し焼きでブタを調理している現場に故意にでかけることは無礼である」ともいわれる。ブタの石蒸し焼きには大量の焼け石が必要なので、準備段階で大きな焚き火をおこす必要があり、その煙は遠くからでも容易にみることができる。村人たちは、煙によってブタの石蒸し焼きが行われていることを察知し、なるべくそこには近づかないようにする。なぜならば、石蒸し焼きの現場に出くわしたものには豚肉を分配するべきであると考えられているために、もしそこに行ってしまうと分け前をもらえるのと引き換えに、ブタの持ち主に深刻な不快感をもたれてしまうからである。

これまで多くの研究で指摘されてきたように、ブタはフリの人々にとって、重要な社会的財産でもある。男性が結婚するためには平均して三〇匹のブタを婚資として女性の親族に渡さなければならないし（一九九四年時点）、自分がきっかけをつくった戦争で味方をしてくれた人が亡くなると、その補償として平均七五匹ほどのブタを亡くなった個人の親族に渡さなければならない（一九九四年時点）。婚資にせよ戦争補償にせよ一人の男性はそんなに多くのブタをもっていないために、親族によるブタの援助が行われ、両者には貸し借りの関係が記憶される。人々はこのようにして形成された複雑な人間関係に生き、交換の過程で一匹のブタは生まれてから食べられるまでたくさんの家を転々とするのである。

5 対象地域の選定

私が調査を始めたころ、タリにはパプアニューギニア医学研究所のブランチがあった。このブランチは、数万人を対象にした住民リストを管理していた。その目的は、住民リストに含まれる人々のなかでみられる出生、死亡、移動、結婚などを記録することで、出生率、死亡率などの基本的な人口統計を推定することであった。住民リストは、ワクチンや薬の臨床試験のプラットフォームとして使われることもあった。

住民リストを管理するために、人口一〇〇〇人あたり一人のレポーターが雇用されていた。このレポーターは、自分の担当する地域でおこった出生、死亡、移動、結婚などの人口イベントを記録し、二週間に一回、パプアニューギニア医学研究所に集まって報告をするのが仕事である。パプアニューギニアでは二週間に一回給与をうけとるのが一般的なので、報告と引き換えに給与を支払うのは合理的なシステムだと思う。

調査する村を決めるために、パプアニューギニア医学研究所の研究者に相談したり、レポーターを紹介してもらったりした。人類生態学の研究では、自然環境への適応が重要なテーマの一つとなるので、タリ盆地のなかで、なるべく環境条件の異なる地域を複数選びたいとおもった。

東セピック州のコンビオで調査をしたときには、村というものがあり、そこに村の人が集住し、村をまとめるリーダー格の人がいたので、調査する村を決める際には、生活がしやすそうな村を選び、あとはリーダー格の人と交渉すればよかった。私の場合は、村まで連れて行ってくださった大塚柳太郎さんが、私が三か月生活するスペースをみつけてほしい、私が滞在中は食べ物を提供してほしい、ということを村のリーダーに頼んでくれた。村の人たちは、二つ返事で、村の真ん中に共同で管理する小売店があるから、その空き部屋に住みたまえ、食べ物はいくらでもあるから問題ないと歓迎してくれて、合意のスピード感、悪くいえば適当さに感動したことを覚えている。

当初は、タリ盆地の調査でも同じような戦略で調査地を決めようとおもっていた。しかし、最初の問題は、フリには村に該当するものが存在しなかったことである。確かに、道路の交差するところや教会・学校のある場所には、他よりも少し高い密度で家が集まっているが、そこに何らかのまとまりのある集団があるわけではなく、リーダーがいるわけでもなかった。基本的に、それぞれの家は各自の畑の中に建てられているので、人が集住する場所というものが存在しなかった。村というものが存在し、その中に住んでいれば、人々とも日常的に顔をあわせるし、その様子を観察することができるので調査には好都合である。タリ盆地の場合、そのような調査の戦略が適用できないことがわかり、途方にくれた。

結局、予想よりも時間がかかり、かつ紆余曲折を経て、ハイブガ湿地のウェナニという場所にあった教会の横の小屋で暮らすことにした。調査の最初の一カ月は口蔵幸雄さん（当時、岐阜大学）が一緒だったので、八畳ほどの広さの小さな小屋に二人で暮らすことにした。茅葺の小屋は、内部に仕切りがないワンルームであった。入口から遠い奥の二畳ほどの空間には地面より五〇センチほどの高さの桟敷が設けられていた。入口に近い方の地面には真ん中に炉がつくられており、その左右におかれた丸太が炉と座る場所の境界線になっていた。座る場所には、草が敷いてあり、入り口近くにはサツマイモが積んであった。

その小屋には、もともとおじいさん一人と子どもが二人暮らしていたが、私たちが滞在する間は自分の家に帰るから大丈夫という約束であった。しかし実際には、三人とも私たちと一緒に暮らすことを希望し、八畳ほどの空間に五人という過密居住の状態で生活を始めることになった。

なお、ウェナニが湿地ゾーンの調査地なので、もう一つの調査地は斜面ゾーンから選ぶことにした。斜面ゾーンの調査地に最初に住み込んだのは山内太郎さん（現在、北海道大学）であり、こちらも紆余曲折があって、ヘリという場所の、なかなか見晴らしのいい高台にある一五畳ほどの快適な家をみつけてくれた（写真1―4）。

一九九三年から一九九五年までの調査は、湿地ゾーンにあるウェナニと、斜面ゾーンのヘリで実施し、その後、一九九八年にはタリの町に隣接するキキダを調査地に加えた。一九九三年の調査では、私と山内太郎さんに加えて、小谷真吾さんも一緒にパプアニューギニア入りし、タリの空港を経由してボサビの調査地に向かった。小谷さんとは、それぞれの調査をした後、タリから同じ飛行機で帰る約束していた。帰る日が近づいてき

写真1-4　ヘリで暮らした家の中。真ん中にある炉でサツマイモを焼く

たころに、前触れもなく突然ウェナニの家に訪ねてきた小谷さんの風貌のあまりの変わり方に狼狽しながら、私が人生で食べたなかで一番おいしいと思うキノコを御馳走したのを覚えている。

6　ハメイギニ

私が調査をした場所を示すためにここまで用いてきたウェナニ、ヘリ、キキダというのは、ハメイギニ（ハメ＝兄弟、イギニ＝子供）と呼ばれる親族集団の名前である。ハメイギニはある範囲の土地の使用権を主張する集団を指し示す呼称であり、またその土地の地名としても用いられる。ハメイギニの呼称は、現在からおよそ五〜一〇世代さかのぼって到達する父系始祖の名前に由来することが多い。それぞれのハメイギニの境界線地図を作製したWood（1985）によれば、タリ盆地には二〇〇以上のハメイギニがあるそうである。

それぞれのハメイギニは母方、父方にかかわらず始祖のすべての子孫を潜在的な構成員としている。潜在的な構成員がハメイギニの土地に畑を開いたり家を建てたりするためには、少なくともそのハメイギニの始祖との家系図上のつながりを矛盾なく説明できる必要があり、自分の先祖が実際にそのハメイギニの土地で生活していた証拠（先祖が畑に掘った溝、畑の周りに植えられた樹木、先祖の墓など）についての知識を披露する必要がある。さらに、ふだんから戦争への参加、婚資の拠出などを通してそのハメイギニに実質的な貢献をしていなければならない。通常、ひとりの個人は複数のハメイギニに対して帰属意識を持っており、そのうちのいくつかには家や畑をもっている。ハメイギニは外婚単位でもあり、規範としては、同じハメイギニに帰属意識をもっている異性とは結婚しない。

7　ウェナニ・ヘリ・キキダ

最後に、調査の対象とした三つのハメイギニについて、もう少し詳しい説明を書いておきたい。図1―1は、ウェナニ、ヘリ、キキダの位置を示している。

ウェナニはタリからコロバに向かうハイランドハイウェイをタワンダまで移動し、そこから湿地帯の道をタガリ川のほとりまで歩いたところにある。湿地帯にはタガリ川に向けて何本も排水溝がはしっている。そこに

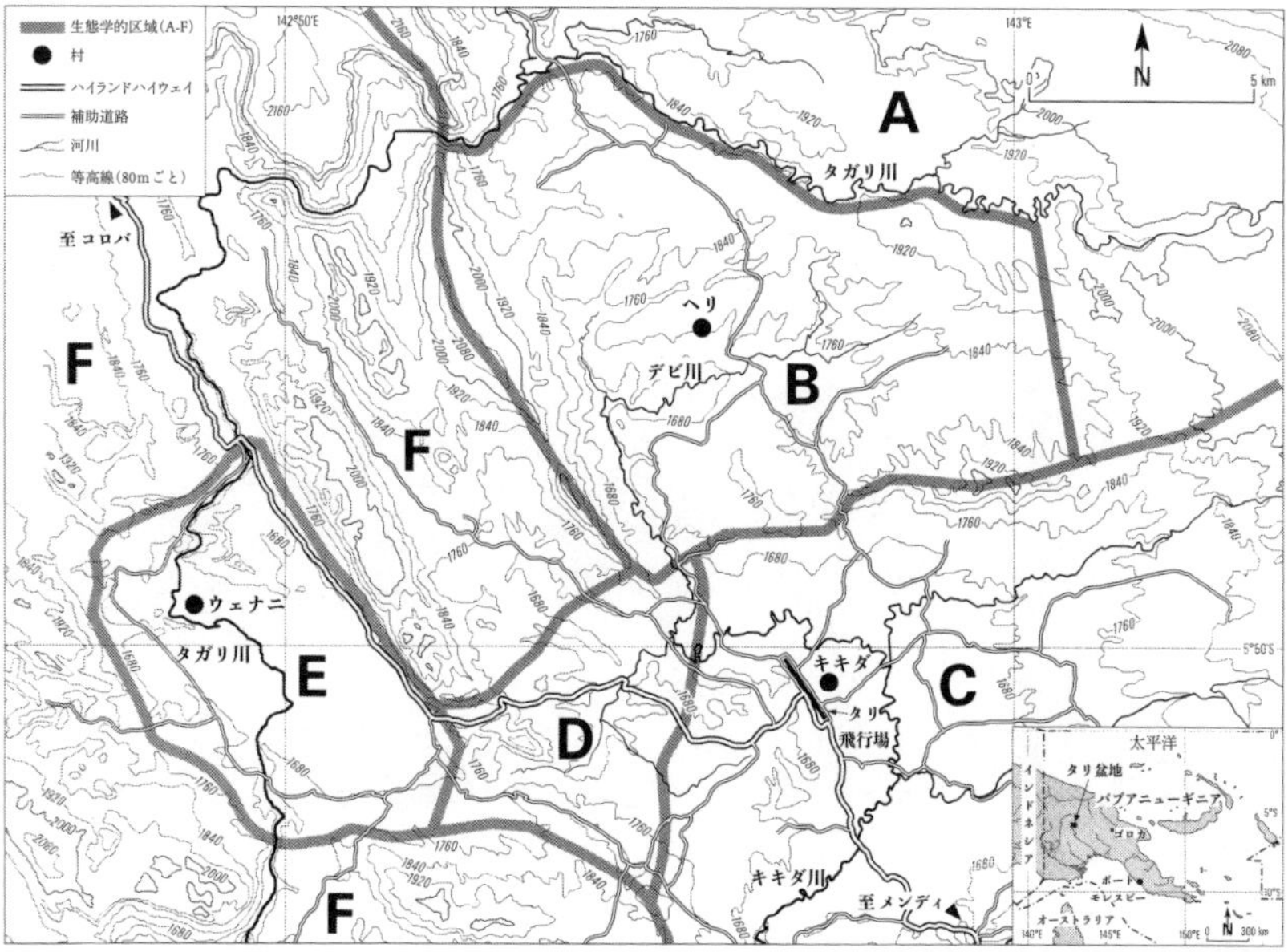

図1-1　タリ盆地地形図

かかる一本橋は土でぬるぬるになっており渡るのは難儀である。雨が続くと道が田んぼのようにぬかるみ、そこにブタの糞も混ざるので、歩きにくい。ウェナニの北側部分には石灰岩の山地があり、その山地とタガリ川に囲まれる平坦な部分がウェナニの耕作地である。タガリ川に近いところには湿地が広がっている。全体の面積は一・八平方キロメートルで、人口は一九九五年一月一日に一五四であった（写真1―5）。

ウェナニの畑はそのほとんどが湿地を干拓してつくられたものである。大きな排水溝がタガリ川に流れ込むようにつくられ、大きな排水溝に流れ込むように小さな排水溝が掘り巡らされている。畑と畑の間には深さ三メートルほどの溝が掘られていて、その溝にしみだした水は排水溝を通ってタガリ川に流れていく。湿地に隣接した畑などでは、畑のなかにも縦横に排水溝が掘られている。このような徹底した排水シス

写真1-5　ウェナニの男たちと記念撮影

テムによって土壌の水分含有量を下げることが、ウェナニでサツマイモを栽培するためには必須である。ウェナニにおいては連続的に耕作をつづけても畑の生産性の低下はわずかであり、ほとんどの畑が数世代前から今日まで休むことなく耕作されてきたといわれている。

サツマイモの生産性が高いことに加えて、飼育されるブタの数が多いこともウェナニの特徴であろう。その背景には、湿地や石灰岩の山地など、ブタを放し飼いできる場所が豊富に存在することがあげられる。ウェナニの人びとは、放し飼いするブタと、家の横に建てた小屋で飼うブタをもっているが、前者は平均して二日に一回のペースで餌を与えるだけなのに対して、後者のブタにはずいぶん手間暇をかける。朝は小屋から畑につれていき、収穫されずに残ったサツマイモを食べさせ（写真1—6、1—7）、昼間は太陽の方向に応じてつなぐ場所を移動し、地面がぬかるむ場所に連れて行ってぬたうちをさせ（写真1—8）、夕方には小屋につれてきて餌を与えるのである。餌のサツマイモは生のまま与えるのが普通ではある

写真1-6　畑に連れて行かれるブタ

ものの、成長がはやくなるようにゆでてから与えることもまれではない。

ヘリはタリ盆地から北側に山を登り、三〇〇メートルほど高度をあげた場所にある。乾燥した草原のなかの道を歩くので、ウェナニへの道と違ってぬかるむこともなく快適である。標高が高い分、タリの町やウェナニよりも寒く、干魃時には降霜の被害を受けやすい。大きな二次林は存在せず、ほとんどの休耕地には草本か灌木しか生えていない。ヘリが位置するパイジャカ台地は、起伏に富んだ地形で平坦部が少なく、ほとんどの畑が斜面につくられている。ヘリおよび隣接するハメイギニの土地境界線はマウントカレ金山を含むと解釈されており、一九九〇年代はじめのゴールドラッシュの際にはたくさんの人が砂金掘りにでかけた（写真1―9）。ヘリの土地は南北に長く広大であるが、調査対象にしたのは

写真1-7　サツマイモ畑を掘りかえすブタ

写真1-8　子ブタにヌタうちをさせる子ども

写真1-9　ヘリからマウントカレへ向かうルートにある吊り橋

ヘリの南部地域に居住する人びとである。ここでは、この人びとを便宜的にヘリと呼ぶことにする。一九九五年一月一日の人口は八一であった。面積は〇・六四平方キロメートルである。過去には、十分な休耕期間をおくことによって二次林が十分生育するのを待ち、そこに新しい畑を開くことによってサツマイモの生産性を維持していたと考えられる。ところが、近年では表土の流出によって二次植生としてチガヤなどの草本が優占するようになり、休耕による十分な地力の回復がむずかしくなっている。

キキダは、タリの町がつくられた場所に存在するハメイギニであり、現在ではタリの飛行場を挟んで二つに分割されている。タリ盆地における商業の中心地にあるため、飛行場の周りにつくられた道路に面する土地は金銭を介して取引されている。人口密度がきわめて高く、それぞれの世帯が耕作する畑の面積が小さいため、キキダにある畑で生産するサツマイモだけで自給自足できる世帯はほとんどない。タリの町で賃金労働に従事する個人がおおい。ハメイギニのなかにテビ川が流れており、その周辺は湿地ゾーン、そのほかは斜面ゾーンのサツマイモ畑となっている。キキダで調査をおこなったのは一九九八年だけであり、ほかの二つのハメイギニに比較すると私のもつ情報量は少ない。

第2章

集団の構造と成り立ち

1 留まらない人々

フィールド研究者は、自分が調査をさせてもらった場所、思い出がある場所のことを「うちの村」などということがある。私にとって「うちの村」はどこだろうと考えてみて思いつくのは、パプアニューギニア東セピック州コンビオのチェルプメル村である。チェルプメル村は、修士課程の学生だったときに人生で始めて住み込み調査をした村で、そこにいけば知り合いが歓迎してくれるし、昔話をすることもできる。最初の調査の時に小学生だった男は村のリーダーとなり、その頃の赤ん坊は結婚して家庭をもっている。中国海南島の水満上村も「うちの村」と呼びたい場所である。調査中は村の人たちの度を超した酒好きに閉口したものの、たまには村を訪ねて酒を飲みながら話をしたいと思う。

しかし、チェルプメルや水満上村より長く滞在したへリやウェナニを「うちの村」と呼べるかというと、すこし違う気がする。二〇一一年にタリを訪問した際、前に調査をした際にへリにあった家は部族内戦争で焼き払われ、私の知り合いは全員が別の場所に移動していた。部族内戦争が落ち着けば、私の知っている人も少しはへリに戻るかもしれないが、おそらくは知らない人が大部分を占める場所になるとおもう。「うちの村」であるはずのへリには、もはや昔の知り合いは住んでいないのである。へリに比べると、ウェナニのほうがメンバーの入れ替わりは少ないものの、二〇一一年の訪問時、おおくの知り合いがウェナニを離れ、知らない人がたくさん住んでいるのが印象的だった。タリ盆地における場所と人間の対応関係の弱さは、東セピックのコンビオとは対照的である。

「ある村で生まれて、そこで育ち、そこで死ぬ」という人生は、タリ盆地では一般的ではない。「あるハメイギニで生まれ、いろいろなハメイギニで育ち、そのうちの一つで死ぬ」のが普通である。私がヘリで調査をしたときにそこに住んでいた人たちも、ずっとヘリの住民であったわけではなく、たまたまその時に住んでいた人たちである。フリの人たちが「あるハメイギニで生まれ、いろいろなハメイギニで育ち、そのうちの一つで死ぬ」という居住パタンをもつことの背景を理解するには、ハメイギニという親族単位のことをもう少し詳しく知る必要がある。

具体的な検討の前に、ハメイギニについて、もう一度、おさらいをしておきたい。

一．それぞれのハメイギニは母系や父系にかかわらず始祖のすべての子孫を潜在的なメンバーとしている。

二．潜在的なメンバーがハメイギニの土地に畑を開いたり家を建てたりするためには、すなわち実質的なメンバーであるためには、少なくともそのハメイギニの始祖との家系図上のつながりを矛盾なく説明できる必要があり、自分の直接の先祖が実際にそのハメイギニの土地で生活していた証拠（先祖が畑に掘った溝、畑の周りに植えられた樹木、先祖の墓など）についての知識を披露する必要がある。

三．ハメイギニの実質的なメンバーは、戦争への参加、婚資の拠出などを通してそのハメイギニに貢献をすることが期待される。

四．通常、ひとりの個人は複数のハメイギニに対して帰属の意識を持っており、そのうちのいくつかには家や畑をもっている。

五．ハメイギニは外婚単位でもあり、その潜在的メンバー同士は結婚しない。

2 頻繁な居住地の移動

私がヘリに住みこみ調査を始めて気づいたことは、ほかのハメイギニに住んでいる人がヘリの畑を耕作しにやってくること、ヘリに住んでいる人もほかのハメイギニにある畑に耕作にでかけるということであった。ということは、調査時にヘリに住んでいる人と、ヘリのなかの畑は必ずしも対応していないことになる。生態人類学の研究では、一人あたり耕作面積は重要な情報であるが、それを推定するためには、ヘリの畑だけでなく、ヘリの人たちが他のハメイギニにもつ畑の面積も調べなければならない。ヘリの人が耕作する畑は、日帰りできないくらいの遠く離れた場所にも散在していたので、調査は簡単ではなかった。

ヘリに住んでいた世帯が、突然、他のハメイギニに移動してしまうこともあった。話をきこうと家を訪ねるものの、留守ばかりで、そのうち帰ってくるだろうと思ううちに何か月もたつということもあった。移動先のハメイギニには畑だけでなく家もあり、不在中は親戚がかわりに餌やりをしているブタまでいるという。逆に、空き家だとおもっていた家に、よそのハメイギニから世帯がひょっこり戻ってくることもあった。

そこで、実際にどのくらいの頻度でウェナニとヘリの世帯がハメイギニを出入りするのかを調べてみた（Umezaki

and Ohtsuka 2002）。一九九三年八月から一九九五年一月までの一八か月間を対象に、ヘリあるいはウェナニに家をもっていた世帯（ヘリ二二世帯、ウェナニ四三世帯）の月ごとの居住場所を記録した（図２—１）。私が調査地に滞在していなかった期間についても、事後に聞き取りをすることでデータの収集が可能だった。

ヘリの二二世帯のうち、一四世帯はヘリ以外のハメイギニにも家を所有していた。一九九三年八月からの一八か月間のなかで、家を複数所有する一四世帯のうち一三世帯がヘリの家から他の家へ、他のハメイギニの家

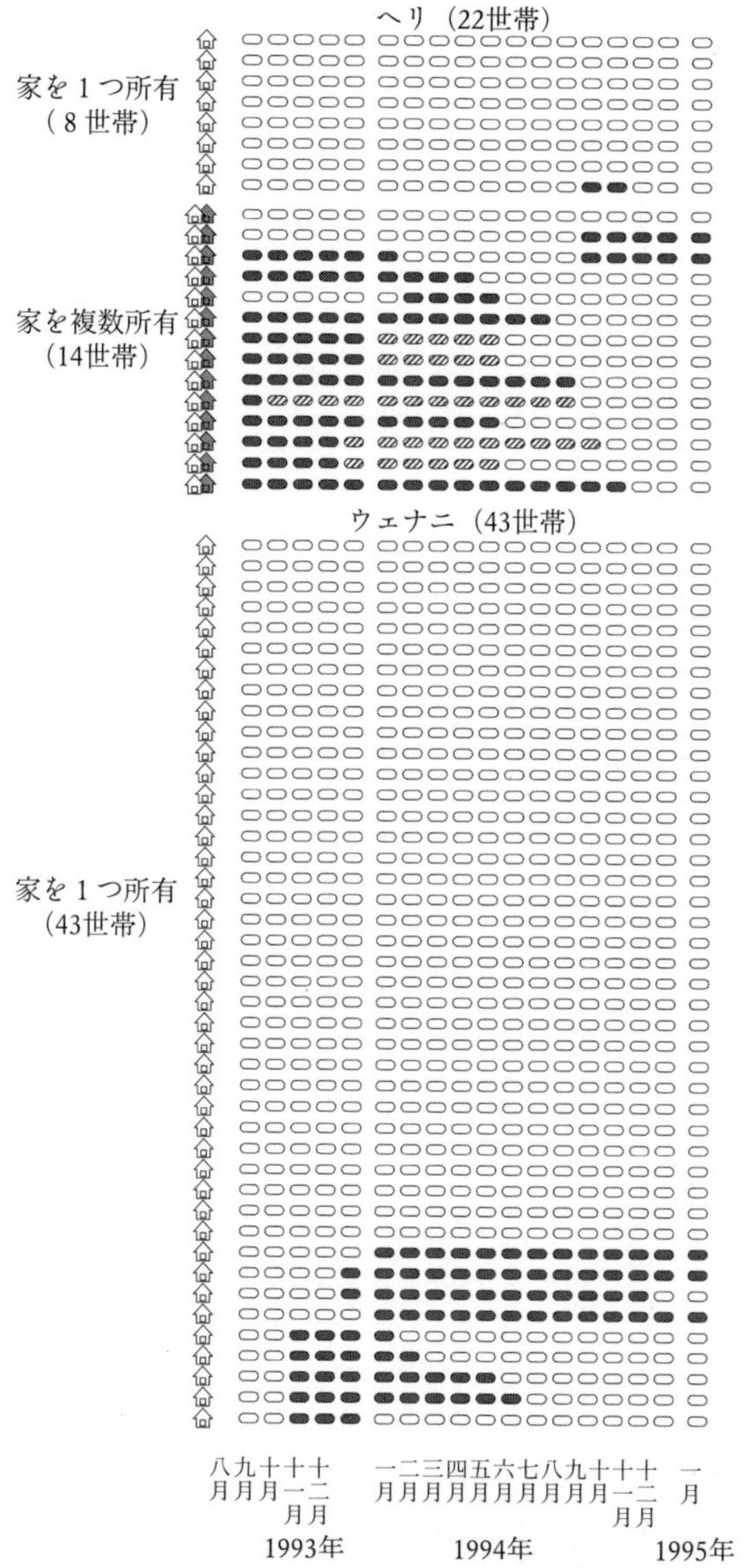

図2-1　移動の記録。白ヌキの丸はヘリ／ウェナニの家に住んでいたことを、黒くぬりつぶした丸は不在であったことを示す。斜線のかかった丸はヘリ／ウェナニの家と他のハメイギニの家を行き来していたことを示す。

からヘリの家へと移動した。そのうち五世帯は五か月から一二か月の間、ヘリの家と他のハメイギニの家を行き来していた。ヘリにしか家のないひとつの世帯は、対象とした一八か月のなかの二か月間をよそのハメイギニの親戚の家に滞在した。

対照的に、ウェナニの全ての世帯は、ウェナニの外には家をもっていなかった。しかし、六世帯は対象期間のなかの数か月をウェナニ以外のハメイギに住む親戚の家ですごして、再びウェナニに戻ってきた。三世帯はウェナニからよそのハメイギニに住む親戚の家に移動したまま対象期間中には戻らなかった。

ヘリの多くの世帯が複数のハメイギニに畑と家をもつことの理由については、いくつかのことが想定される。ひとつめは、単純にヘリで耕作する畑だけでは十分なサツマイモを生産できないために、他のハメイギニにも畑をつくるという可能性である。ヘリはタリ盆地のなかでは標高の高い地域であり、サツマイモの導入前、コロカシア属のタロイモが耕作されていた頃には人が住んでいなかった可能性が高い（寒いのでタロイモはほとんど育たない）。前述のようにサツマイモの導入によって人口が増加した際、タリ盆地の標高の低い地域に暮らしていた人々が畑をもとめてヘリのような標高の高い地域に進出したのではないか。近年の休耕期間の短縮と土地生産性の低下によって、斜面ゾーンに暮らす人々はより広い畑を耕作する必要性に迫られている。

もうひとつは、一定の頻度でおこる干魃・霜害のリスクに備えて、ヘリよりも標高が低く、霜害が起こりにくいハメイギニにも畑と家を所有するという可能性である。その畑が湿地ゾーンにあれば、もともとの土壌水分量がおおいために干魃の影響を避けることができる。この可能性は、タリ盆地で一九七八年におこった深刻な干魃の影響評価をした地理学者たちによって主張されたものである。

このふたつの可能性のうち、ヘリの人々の認識に近いのは前者である。少なくとも、現在、ヘリのなかで耕作する畑だけでは必要な量のサツマイモを生産することができないために、他のハメイギニに畑をもつことは生存の十分条件になっているようである。ただ、どのような経緯でそうなったかについては、ほとんどの世帯に明確な理由は認識されていない。

ウェナニの世帯がよそのハメイギニに住む親せきの家に移動したのは、土地の耕作権をめぐる争い、農作物や家畜を盗んだ疑い、近隣住民との争いなど、それぞれに理由があってのことであった。ヘリに比べてウェナニでは土地をめぐるトラブルが多く、一九九五年時点でサツマイモ畑に転用可能な湿地の六三%が耕作権をめぐる争いの対象となっていた（一二八頁参照）。

3　人口の変動

次に、ハメイギニごとの人口の変動をもう少し長いスパンで評価したいと考えた。一般的に、フィールドワークの一番の弱点は、自分が観察したことに心を奪われるあまり、観察した状況が長いあいだ続いてきたかのような錯覚を覚えやすいことである。

ひと昔前までは、テレビ番組や雑誌の記事などで、パプアニューギニアの都市部から離れた地域に住む人々の生活を形容して、「彼らは悠久の昔から自然と一体化した生活を営んできたのです」というような全く正しくない説明をきくことがおおかったし、いまでもそのような表象がなくなったわけではない。過去についての文字や写真の情報が乏しい社会においては、現在と過去についての情報量には大きな差があり、意識的に努力をしないと現在の状況にひきずられた社会の理解をしてしまう傾向があると思う。

タリ盆地では一九七八年に世界銀行の主導による僻地開発プロジェクトがおこなわれた。私の場合、そのプロジェクトで撮影された九五〇〇分の一縮尺のカラー航空写真を入手することができたのは幸いだった。その航空写真は高解像であり、家だけでなく、サツマイモを植え付けるマウンド、ブタ小屋、畑の周りの排水溝、さらには一本一本の樹木も識別可能であった。また、一九七八年はパプアニューギニア医学研究所による人口コホート調査がスタートした年であり、一九八〇年に作成されたヘリおよびウェナニの住民リストも入手することができた。一九七八年には、当時の州都であるメンディとタリをつなぐハイランドハイウェイが開通し、それを祝う大きなイベント（シンシン）があったので、タリ盆地の人々は一九七八年がいつであったかを認識することが可能であり、「一九七八年にあなたはどこで何をしていたか」という会話が成立したことも大きかった。

航空写真をつかって、一九七八年にヘリとウェナニに存在した家を読み取り、それぞれの家に誰が暮らしていたかを調べていった。これはおもしろい調査で、いろいろなおもいで話をきくことができた。たとえば、写真にみえる家の跡地を訪ね、「写真にはこのあたりに大きなモクマオウの木がみえる。ここの深い排水溝のすぐそばに小さな家が建っているけど、そこには誰が住んでいたの」というと、「大きなモクマオウがあったね。あれは自分の祖父が植えたもので、子どものころ周りでよく遊んだ。その側の家には祖父を含めて老人が三人で同居していたので、自分たちは水くみや薪集めでずいぶん働かされた。そのかわり、歯が悪い老人たちは、豚肉のかたいところを自分たちにたくさんくれたので、それはいいことだった」など、記憶がほりおこされるのがおもしろかった。特に、ずいぶん前にハメイギニの外に移動して、現在はヘリやウェナニの実質的なメンバーではない人たちの情報をこの調査で得ることができた。ものごとは景観と結びついて記憶されるものだと思う。

このようにして航空写真と聞き取り調査で作成した一九七八年のヘリとウェナニの住民リストを、パプアニューギニア医学研究所が保管していたヘリとウェナニの住民リストと突き合わせ、皆と議論を重ねて、一九八〇年にヘリおよびウェナニに家があり暮らしていた住民のリストを完成させた。

その住民リストを、一九九四年一一月にヘリおよびウェナニに暮らしていた住民のリストと比較した。わざわざ一一月としたのは、世帯の移動によってハメイギニの人口が一年のなかでも変動するためである。家系図とあわせて検討したところ、一九八〇年から一九九五年にかけて、ヘリでは一九人が生まれ、八人が亡くなり、五一人が移入し、三八人が移出したことがわかった。一九八〇年と一九九五年のどちらもヘリに居住していた人口は、わずかに一一人である。一方、ウェナニでは四九人が生まれ、八人が亡くなり、五一人が移入し、四一人が移出した。一九八〇年と一九九五年のどちらもウェナニに居住していた人口は五四人であった。一九八〇年から一九九五年にかけて、ヘリの人口は五七人から八一人へ、ウェナニの人口は一〇三人から一五四人に増加していた。一九九五年のメンバーのうち一九八〇年からおなじハメイギニに居住していたのは、ヘリが一四％（一一／八一）、ウェナニは三五％（五四／一五四）であった。これは、ハメイギニのメンバーが流動的であることを裏付けるデータであると思う。

ハメイギニの移出入の要因には婚姻にともなう居住地の変更も考えなければならない。結婚した夫婦は、両親が実質的なメンバーであるハメイギニのひとつを選んで家を建てる。一人の個人が実質的なメンバーとなっているハメイギニが複数あり、結婚するとそれが倍になるので、新婚の夫婦にはたくさんの選択肢があることになる。結婚したばかりの夫婦に限らず、フリが複数のハメイギニの実質的なメンバーになっているということは、状況の変化に応じてフレキシブルに居住する場所を変えるという適応的な行動を可能にする装置として機能していると考えることもできる。

4 人生のなかでの移動

このようにハメイギニを移動することが一般的であるのならば、実際にヘリとウェナニの人々はタリ盆地のどのくらいの範囲を移動するのだろうか。ヘリとウェナニの家系図を作成し、そこに登場する人々の出生地と現住地、死亡地を調べてみた。

ここで家系図の範囲をどのように定めるかという問題が生じる。父系的な社会であれば、家系図には父方のメンバーを中心に記載すればよい。母系的な社会であれば。母方のメンバーを網羅的に記載した家系図を作成するのが普通である。しかし、フリのような共系的な社会では、ハメイギニへの帰属は、出自よりも個人の考え方で決まる部分が大きい。ある個人（Eとする）の親世代は父と母の二人、祖父母世代は四人、曾祖父母世代は八人である。自分が帰属意識をもつハメイギニには重なりがないはずである。ひとりの個人が帰属意識をもつ曾祖父母それぞれが帰属意識をもつハメイギニのメンバーとは結婚しないという規範に従うならば、八人のハメイギニの数をNとすると、個人Eは、八人の曾祖父母が帰属意識をもつ八×Nの数のハメイギニにある畑

表1-1　人口移動

		タリ盆地のフリ人口（生態学的区域別）						タリ盆地外のフリ人口（%）	不明	計
		A（%）	B（%）	C（%）	D	E（%）	F（%）			
ヘリ	出生地	146（20）	378（51）	131（18）	0	1	7	44（6）	27	734
	現住地	79（14）	302（52）	127（22）	0	0	3	72（12）	2	585
	死亡地	40（27）	67（45）	17（11）	0	0	1	4（3）	20	149
ウェナニ	出生地	0	1	72（8）	6	696（74）	75（8）	66（7）	26	942
	現住地	0	0	73（9）	7	497（64）	62（8）	129（17）	10	778
	死亡地	0	0	3（2）	0	126（77）	10（6）	8（5）	17	164

を耕作する潜在的な権利を有していることになる。

私の調査では一九九五年にヘリあるいはウェナニに畑をもっている六〇歳未満の既婚者から出発して、その祖父母のなかでヘリあるいはウェナニに帰属意識をもっていた個人を特定した。その個人を起点として全ての子孫を含む家系図を作成した。便宜的に、六〇歳未満の既婚者を第三世代と定義し、その親世代を第二世代、祖父母世代を第一世代、子どもを第四世代、孫を第五世代とした。

そうやって作成した家系図には一六七六人が含まれていた（ヘリ七三四人、ウェナニ九四二人）。そのうち、ヘリの四九人については性別が不明であった。そのほとんどは、タリ盆地の外で生まれたばかりの子ども、および新生児のうちに亡くなった子どもである。性別のわからない個人を除いたヘリ一六二七人のうち、およそ八〇％は調査時点で生存していた。

表1―1には、家系図に登場した個人の出生地、現住地、死亡地が、世代別に示されている。日本には、住所というものがあり、県、市区町村、番地など様々なレベルの境界線が存在する。したがって、例えば出身地はどこかときかれた場合には、県名、市区町村名などで回答することが可能である。対照的に、タリ盆地に存在する境界線は、ハメイギニだけであり、それよりも大きな地理的単位の境界線が必要であれば、便宜的なものを新しくつくるし

かない。出生地、現住地、死亡地の分析をするために、ここでは地理学者であるWood（1985）が提案した生態学的区域を用いた。これは、土壌、地形などの特徴を踏まえてタリ盆地を七つの区域に分けたものである（図1―1、三五頁）。それぞれの区域ごとに、前述の斜面ゾーンと湿地ゾーンの割合が異なっている。たとえば、区域Cはその中心にタリの飛行場と町があり、斜面ゾーンと湿地ゾーンの面積は同じくらいである。区域Aおよび区域B、区域Fはほとんどが斜面ゾーン、区域Eはほとんどが湿地ゾーンである。区域Bと区域Fの境界線にそって急峻な石灰岩の山があり、山の東側と西側をつなぐ車道は存在しない。区域Cから区域Aにかけては、北に向かって高度をあげながら居住地が続いている。一方、区域Eは、タガリ川の流域に発達した広大なハイブガ湿地であり、周りを石灰岩の山地に囲まれている（区域F）。区域Eと区域Cの間にはなだらかな山地で構成される区域Dが存在する。

ヘリの人々は、ヘリの位置する区域Bに加えて、その北側の区域Aおよび南側の区域Cを主に利用していた。対照的に、区域D、区域E、区域Fを利用した個人はほとんどいなかった。また、調査時点で生きていた五八五人のうち七二人（一二％）はタリ盆地の外に住んでいた。このなかには、近隣グループ（フリの西北に居住地があり境界を接しているドゥナあるいはエンガ州のイピリ）の異性と結婚し移動したもののほか、都市に移動したものが含まれている。

一方、ウェナニの人々の人生は、区域D、区域E、区域Fでほぼ完結していた。特に区域Eではウェナニの七四％が生まれ、六四％が暮らし、七七％が死亡した。ウェナニの七七八人のうち一二九人（一七％）はタリ盆地の外にある都市部（主にポートモレスビー、メンディ、マウントハーゲン）に居住していた。ドゥナあるいはイピリと結婚したものはほとんどいなかった。

ヘリの人々の出生、居住、死亡の場所が区域A、区域B、区域C、ウェナニの人々の出生、居住、死亡の場所が区域D、区域E、区域Fのなかにあり、それがほとんど重なっていないことは興味深い。自分が帰属意識をもつハメイギニの中には結婚することのできる異性は存在せず、隣接するハメイギニのメンバーとも高い確率で姻戚関係があると予想される。結婚する相手をみつけるためには、自分が帰属意識をもつハメイギニから離れた場所で探さなければならない。結果的に、ヘリおよびウェナニのメンバーが帰属意識をもつハメイギニ、すなわち出生、居住、死亡の場所はタリ盆地全体に広がっているのではないかと考えていた。しかし実際には、ヘリおよびウェナニのメンバーが帰属意識をもつハメイギニは別々のクラスターを形成していた。

確かに、ヘリの人々がマウントカレでの砂金掘りに出かけるのに対して、ウェナニから砂金掘りにでかけた人はいなかった。マウントカレは区域Aの北側にあるので、区域Aにあるハメイギニのテリトリーはマウントカレまでつながっていると解釈されていた。マウントカレで砂金掘りをするためには、区域Aのハメイギニへの帰属意識が認められている必要があり、そのような個人はウェナニには存在しなかったことになる。

現在は誰もが通ることのできる公共の道路が、かつては存在しなかったことも重要なポイントかもしれない。現在は、ヘリおよびウェナニの人々は公共の道路を通ってタリの町にでかけるものの、公共の道路がない時代には、タリの町にいくことはほとんどなかったといわれる。なぜかというとタリの町にいくまでに、帰属意識の認められていないハメイギニがある場合、そこを通過する理由がなかったからである。現在でもそれは同じで、ハメイギニに帰属していない個人が理由もなくそのハメイギニのテリトリーを歩くことはない。ハメイギニとハメイギニの境界線に掘られている溝を歩くことは可能ではあるが、それは排水溝を兼ねていることもあり、歩くのは容易ではない（写真2—1、2—2）。現在に比べれば、かつてのフリは、限られた地域のなかで日

写真2-1　畑と畑の間に掘られた排水溝

写真2-2　排水溝は道としてもつかわれる

常生活を送っていたのではないだろうか。

公共の道路がつくられ、タリという商業の中心ができたことは、タリ盆地のさまざまなハメイギニのメンバーが知り合う機会を増やすことにつながった。町の市場で知り合って、結婚にいたるカップルも珍しくない。公共の道路をつかって、遠くのハメイギニの争いに参加することも可能になった。これまでより遠くにあるハメイギニに畑をつくり、家をつくることが増えていくのだろう。

5 移動の方向

最後に、出生地と現住地／死亡地を比較し、その移動の方向について検討した結果を紹介したい。検討したのは、周縁（区域Aおよび区域F）から中心（タリの飛行場のある区域C）にむかっての方向と、中心から周縁に向かっての方向である。

フリの人たちは、自分が家あるいは畑をもっているハメイギニに対して肯定的な意見をいう傾向が強い。たとえば、タリ飛行場の近くにあるハメイギニに暮らす人は、自分たちの場所は町に近いからマーケットで作物を販売してお金を稼ぐことができるし、そのお金で米や缶詰を買うこともできるというようなことを言いがちである。一方で、タリ盆地から離れた周縁のハメイギニに家や畑がある人は、ここは静かでトラブルもなく、車がまきおこすほこりもない、薪にする材木も豊富なので、夜は大きな焚火をやりながら眠ることができるなどと説明する。タリ飛行場の近くにあるハメイギニに暮らす人は、周縁のハメイギニに暮らす人のことを、市場から遠くに住んで金がないからサツマイモばかり食べて暮らしているなどと馬鹿にする。タリ盆地から離れた周縁のハメイギニに住む人は、タリ飛行場の近くにあるハメイギニに暮らす人について、隣の家との距離が短いので噂話はつつぬけで、畑が小さいからサツマイモがわずかしか生産できず、寒くても小さな焚火しかできない惨めな暮らしをしている人たちだという。

それぞれの地域の良いところと良くないところは、そのとおりなのだと思う。その時々の状況によって、タリの飛行場の近くを好む人が多ければ周辺から中心に向けての移動が増加し、周縁の環境を好む人が多ければ、中心から周縁に向けての移動がおおくなるのだろう。

ヘリとウェナニの家系図に登場する個人を対象に、移動の方向を調べたところ、第一から第三世代にかけては、周縁から中心に向けての移動が、第四世代と第五世代は、中心から周縁に向けての移動が多い傾向がみられた。おそらく一九五〇年代にタリの飛行場が建設され、タリ盆地に近代化の中心ができたことは、大きなインパクトがあったのだろう。タリの飛行場の周りには、いくつかの教会、学校、診療所がつくられ、商店では、それまでタリ盆地にはなかった珍しいものが売られるようになった。一方、近年は、タリの飛行場周辺の人口増加により、新しくそこへ移動することは難しくなっている。私が調査したキキダでは、ほとんどの世帯で、その耕作しているサツマイモ畑は一区画のみであり、日常的に摂取するサツマイモを自給自足するのは不可能である。第四世代および第五世代の世帯が新しく家を建て、畑をひらくとすれば、それはタリ盆地の中心部から離れた場所で探すしかない。

6 移動と適応

移動は、生物の生存において大きな意味をもつ行動である。生存のための資源は、一般的に偏在しているものであり、またその分布はさまざまな要因で変動する。タリ盆地でコロカシア属のタロイモが主食であったときには、盆地のなかでも標高が低く、土壌水分量のおおい河川沿いに耕作適地が存在していた。その後、サツマイモが導入されると、標高が高く、土壌水分量の少ない地域まで耕作適地が拡大したと考えられる。近年は、サツマイモよりも痩せた土壌で育つキャッサバが導入されたために、耕作適地はさらに拡大しつつある。タリの飛行場がつくられ、行政と商業の中心点ができると、現金獲得、物珍しいものを目にする機会などの魅力が人々をそこへひきつけたことだろう。その後、タリ飛行場の周りでは過剰な人口増加によって、ひとりの人間が利用できる土地資源が相対的に減少した。

フリの人々が、フレキシブルに居住と耕作の場所を選択できるシステムを有していることは、生存のための資源の地理的分布が変動する状況にうまく対応するという意味おいて、望ましい特徴なのだとおもう。フレキシブルに居住地を変更できるシステムは、ウェナニの人々がそうしていたように、地域内の争いから逃れることをも可能にしていた。一方で、タリ盆地に私にとっての「うちの村」がないのと同じように、フリの人々にとっても「うちの村」はないことになる。

「うちの村」がないというフリの特徴は、次章で述べる部族内戦争のありかたにも関係してくる。父系的な出自システムが規範とされるコンビオでは、村あるいはクランが争いの単位となることが多かった。たとえば、チェルプメル村の青年が隣村の女の子に手をだしたことを端緒とする争いでは、明確にチェルプメル村と隣村の争いという構図がみえた。もちろん、村を越えた親戚関係があるために、なかには争いに積極的にかかわらない個人もいたが、チェルプメル村の住民のなかに表立って隣村の味方をする個人は存在しなかった。対照的に、フリの場合は「うちの村」がないために、争いのコンテクストごとに敵と味方は大きく入れ替わる。その具体的な事例については、第6章で紹介する。

第3章

生業を支える在来知

1 農学の基本原則に反するタリ盆地のサツマイモ耕作

作物を収穫すれば、その作物に含まれる栄養素が土壌から奪われる。したがって、その栄養素を何らかの方法で土壌に戻さなければ、土壌が痩せていくのは自明である。そうならないように、現代農業では、肥料をつかって栄養素を土壌に戻している。では、タリ盆地の湿地ゾーンにおけるサツマイモ農耕で、休耕期間をおくことなく、また肥料を使うことなく、連続的な耕作が可能なのはどのような理由によるのだろうか。斜面ゾーンの畑にしても、パプアニューギニア低地の焼畑農耕が二年ほどで放棄されるのに対して、五～一〇年も連続して耕作可能なのはどういうことだろうか。

フリの人々が力説するのは、サツマイモ畑の周縁に植えられた樹木と、サツマイモ畑に生える草本の重要性である。現代の農業では、畑に木を植えるのは日陰を好む樹木を栽培する場合に限られる。本来、サツマイモ畑に生えた木は、サツマイモの葉に届くべき日光を遮ってしまうので、切り倒されるべき存在である。同じように、畑に作物以外の草本（雑草）が繁茂していると、作物の生育につかわれるはずの栄養素が雑草の生育につかわれてしまうために、それは除草すべき存在であると考えられる。

フリの男は自分のサツマイモ畑に樹木を植えようとし、女はサツマイモ畑に草本を繁茂させようとする。植える樹木や繁茂させる草本はどれでもいいわけではなく、樹木の場合は、畑に降り注ぐ落葉が土壌を肥沃にする効果をもつものでなければならないし、草本は土壌にすき込むことでサツマイモの生産性を向上させるようなものでなければならない。

このことに気づいた私は、具体的にどの樹木および草本がサツマイモの生産性に寄与するのかを調べてみようとおもった。まずは、私が居候をしていた家の女性に頼んで、彼女のサツマイモ畑にでかけ、ひとつひとつの草本を指さしながら、それがサツマイモの生産性に寄与するかどうかを確認していった。彼女は、「これはすごくいいから畑に残す、これはまあまあいいから残す、これは最悪だから絶対に除草する」などと確信に満ちた表情で説明してくれた。これらの植物の標本をつくって、それぞれに含まれている栄養素を分析すれば、在来知の科学的な裏付けがわかるかもしれない。

次は樹木について教えてもらおうとおもい、私の調査を手伝ってくれていた男性Aの畑にいった。彼の畑には、いろいろな種類の樹木が植えられていて、その一本一本について、なぜその樹木を植えたのか、それはサツマイモの生産にどのように寄与するのかを、やはり確信にみちた表情で説明してくれた。

帰り道に、別の男性が耕作するサツマイモ畑で植えられている樹木について男性Aに聞いてみたところ、「こいつは樹木のことをよくわかっていないね。あれなんか、ロクでもない樹木だよ」と語るので驚いてしまった。樹木の知識にはそんなに個人差があるのか。Aは知識のある男でよかった。一日でサツマイモの生産に寄与する樹木と草本のリストができたのだから。その時はそうおもっていた。

翌日、少し年長の男性Bと道を歩いているときに、自分の調査したことを確認しようとおもい、「あの木はサツマイモの生産に寄与するいい樹木だね」ときいてみた。するとBは、「誰がそんなことをおまえに教えた。Aにきいただと。あれなんか最悪の樹木だ。Aは樹木のことをわかっとらんからな」という予想に反した答えが返ってきた。これは問題である。男性Aか、この年長の男性Bのどちらかが、知ったかぶりをしているのだろうか。

しかたがないので、第三者の意見をきくことにした。別の男性Cに、これまで樹木についての聞き取りをしたサツマイモ畑に同行してもらい、ふたりのインフォーマント（AとB）のどちらが正しいことを言っているかを判定してもらうことにした。その結果、なんと男性Cは、Aのいうことも、Bのいうことも間違いで、自分のいうことこそが正しいという。

ここに至って私は本格的に混乱してしまった。インタビューをした男性たちは皆が確信をもって自分が正しいといい、その言うことがお互いに食い違っている。これはどういうことなのだろうか。

2 選択的な植樹と除草

改めて整理しておくと、間違いないのは、男性による「樹木のコントロール（徹底的な植樹と樹木の選択的な除去）」と、女性による「草のコントロール（緑肥となる草を効率的に入手することを目的とした望ましくない草の選択的除草）」が、タリ盆地において、サツマイモを持続的に栽培するための技術と認識され、実践されているということである。

男性は、自分が土壌の肥沃さに寄与すると判断する特定の樹種を、自分が耕作権を主張する空間に植えつける。タリ盆地では、畑のひとつひとつが溝で区画されており、溝から掘りだした土でつくった土塁が畑の周りを取り囲んでいる。この土塁が樹木を植えつける場所となる。男性は、自分が土壌の肥沃さに寄与すると判断する樹木の幼木をみつけると、それを自宅に持ち帰り、小さなポットで栽培する。そして自分の畑に適当なスペースをさがし植え付ける。

また、畑に自然に生えてきた樹木は、彼がサツマイモの生産性に寄与すると判断する樹種であれば残され、寄与しないと判断する樹種であれば除去される。二次林に新しい畑をひらく際には、サツマイモの生産性に寄与すると判断された樹種は伐らずに畑に残されることがおおい。繰り返していえば、樹種の選択はそれぞれの個人の判断により、その判断には、その樹木がサツマイモ耕作に寄与するかどうかがおおきな意味をもっている。

一方、女性は鋤き込むことで土壌を肥沃にすると考える草を、自分の管理する空間のうち作物の栽培されていないスペース、たとえば、畑の周辺部、サツマイモを植え付けるマウンドとマウンドの間、家のまわりなどに繁茂させようとする（写真3―1）。樹木と異なり、草が移植されるのはみたことがない。サツマイモの栽培に役立たないと判断される種類の草が生えてくるとそれは選択的に除草され、逆に土壌に鋤き込むことによってサツマイモの肥料になると判断される種類の草はそのまま放置される。このような草の選択も、それぞれの女性の個人的な判断による。

草のなかでも、最近になってタリ盆地に移入したキクイモの仲間は例外的な存在である。この植物は、特に斜面畑の中に土留めとして移植することで、サツマイモの栽培に寄与すると考えられている。この植物がマウンドに鋤き込まれることは少ないので、草でありながらサツマイモ栽培への寄与のあり方は樹木のそれに近い（写真3―2）。

写真3-1　マウンドにサツマイモを植え付ける

写真3-2　乾かした草本をマウンドにすき込む。後ろにはサツマイモ生産性の向上を意図して植えられた樹木もみえる

その他、家の周りのキッチンガーデンに、囲炉裏の灰、サツマイモの皮、食べ残しなどが肥料としてまかれることもある。この行動も、そこに栽培する作物の生産性向上に寄与すると考えられるが、一般的にキッチンガーデンはサイズが小さく、そこで生産される作物は世帯が生産する全体量に比べればわずかなものである。

選択的な植樹と樹木の除去、および選択的な除草がサツマイモ耕作の生産性に望ましい影響を及ぼすことについては、いくつかの間接的な証拠が存在する。たとえば、農場における実験的な研究では、パプアニューギニア高地で広く植林されるモクマオウの仲間（*Casuarina oligodon*）を畑に植えることで、土壌に含まれる窒素が増加したことが報告されている。また、サツマイモのマウンドに鋤き込む草の量とそのマウンドで生産されるサツマイモの量との間には正の相関関係があることが報告されている（Wood 1985）。タリ盆地の湿地ゾーンにある畑のサツマイモ生産性は一ヘクタールあたり一二〜一五トンに達する。肥料を用いることなく、このような高い農業生産性が維持されてきたということをふまえれば、植樹と除草を主たる手段とする絶え間ない植生コントロールが、高地のサツマイモ耕作の生産性維持に重要な役割を果たしてきたと考えることはある程度の蓋然性をもつだろう。

3　共有されない在来知

男性A、男性B、男性Cがそれぞれ異なる主張をすることに混乱した私は、何とか基準となるデータを作成しようと考えた。そこで、三人の村の年長者たち（男性）に集まってもらい話をきくことにした。この三人もなかなか意見が一致せず議論は紛糾したものの、なんとか合意に至ったことは以下の通りである。

・畑に植えることでサツマイモの生産性を向上させる樹木は、パワ（*Casuarina oligodon*：モクマオウの仲間）、ポゲ（*Ficus copiosa*：イチジクの仲間）、パイ（*Castanopsis acuminatissima*：スダジイの仲間）、タバジャ（*Albizia falcataria*：マメ科の樹木）、フビ（*Ficus* sp.：イチジクの仲間）など。
・ミンディリア（*Casuarina papuana*：モクマオウの仲間）、ライ（*Dodonaea viscosa*：ハウチワノキ）が畑に存在するとサツマイモの生産性が低下する。

パワとミンディリアはいずれも*Casuarina*属の樹木であるにもかかわらず、一方はサツマイモの生産性を向上させ、もう一方は低下させると考えられていることは興味深い。

一方で、年長の女性たちによると、マウンドに鋤き込む草は横走する地下茎をもたないことが重要であり、なかでもポランゲ（*Ischaemum timorense*：イネ科の草）、ジャグア（*Histiopteris incisa*：ユノミネシダ）、カンベ（イネ科の植物）などはサツマイモの生産性への寄与が大きいという。

この段階では、依然として、タリ盆地に居住する人々は、多少の個人差あるいは地域差はあるにせよ、「サツマイモの生産性を向上させる」樹木と草の種類に関して経験的に獲得した知識体系をもっており、若者は年長者からそれを学習することによって「サツマイモの生産性を向上させる」植物が何かを知り、それを実践することで、タリ盆地におけるサツマイモの持続的生産が可能になっているのだと考えていた。

サツマイモの生産性を向上させる樹木と草本についての知識体系が集団に共有されているのであれば、タリ盆地のサツマイモ畑には、年長者たちが列挙した「サツマイモの生産性を向上させる」樹木がたくさん植えられ、逆にサツマイモの生産性を低下させると判断される樹木はほとんどみられないはずである。ところが、実際に畑に植えられている樹種を調べてみると、たしかに年長者が教えてくれた「サツマイモの生産性を向上させる」樹種がみられた一方で、それ以外の樹種もたくさん植えられていることがわかった。さらに、それぞれの畑の持ち主は、「自分が畑に植えた樹種は、サツマイモの生産性に寄与するものばかりである」と主張し、私が年長者たちに教えてもらった「サツマイモの生産性を向上させる樹種」についても、何かしらの異義を唱えることがおおかった。

しだいに、ひとりひとりの村人が主張する「畑に植えることでサツマイモの生産性を向上させる」樹木の種類には私が想定するより個人差がおおきいのではないかと考えるようになった。たとえば、フビはサツマイモの生産性を向上させる樹木だという男性がいるかとおもえば、それはサツマイモの生産にとって最悪の樹木であると説明する男性がいる。そして、そのどちらも自分の知識の正当性を強く主張するのである。村の年長者たちがその総意として「サツマイモの生産性を低下させる」樹木としたミンディリアあるいはライについて、「サツマイモの生産性を向上させる樹木である」と強く主張する男性がいたことも私の混乱を本格化させた。

男性が「植えるべき樹種」について語る様子は確信に満ちている。私の直感としては、「植えるべき樹種」にみられる個人差は、村人が自分のよく知らない事柄について無責任に回答することによって生じるようなものではなく、それぞれの個人がさまざまな経緯で獲得した「植えるべき樹木」について確信することの多様性を反映したものであるように思う。このような状況においては、素朴に年長者を「物知り」と仮定して、その人のいうことが集団の知識体系を代表するものであるという前提は成立しない。ある個人が語る「植えるべき樹木」についての主張の背景には、集団としてある程度共有されている「サツマイモの生産性を向上させる樹種」についての一定の知識体系と、その個人が確信する「サツマイモの生産性を向上させる樹種」の知識体系が混在していると想定されるからである。前に説明したように、個人が一生のうちでいろいろなハメイギニを移動することも、個人ごとに多様な知識体系が形成される一因なのかもしれない。

タリ盆地の人々がサツマイモの生産性に寄与すると判断する樹木を畑に植えつけることの生態学的重要性は、それが地域に生育する樹種の構成に影響を与え、サツマイモの生産に適した自然環境をつくりだす可能性にある。一九九八年の調査時点でタリ盆地の大部分は耕作地と休耕地で覆われ、極相林は成人儀礼のために保全されていたものがわずかに残るのみであった（そのほとんどもまもなく伐採されてサツマイモ畑になった）。過去から現在にかけての植生攪乱のプロセスで、サツマイモの生産性を増加させることを目的とした樹木と草本の選択がおこなわれてきたとすれば、結果としてのタリ盆地の植生にはサツマイモの生産性を増加させると人々が判断するような植物が多くみられる可能性がある。別のいい方をすれば、タリ盆地の植生は、人々がサツマイモの栽培に寄与するかどうかという視点から植物を選択しつづけてきた結果として、サツマイモ栽培に適したものに改変されてきたのではないか。

一九七〇年代の終わり頃、ＤＰＩ（Department of Primary Industry: 日本の農業試験場にあたる）がコーヒー栽培を推奨し、日陰をつくるためにマメ科の樹木であるモルッカネム（フリ語ではタバジャ：*Albizia falcataria*）をタリ盆地に導入した。その後、コーヒー栽培はタリ盆地の限定的な地域でしか存続しなかったが、導入されたモルッカネムは盆地全体に広がった。このことは、モルッカネムがタリ盆地全体に拡散するプロセスに人為的な植樹が寄与したことを示唆している。また、考古学的証拠によれば、タリ盆地でモクマオウの仲間が広く植樹されるようになったのはいまから九〇〇〇年前と推測されている。現在、タリ盆地に広くみられるモクマオウの仲間は、盆地の植生が農耕に適したものへと長い時間をかけて人為的に改変さてきたことのひとつの証拠ともいえるのである。

タリ盆地における樹木と草のコントロール、そして人為的な空間における植生との関係を検討するためには、人々のもつ多様な知識体系を集約することで、集団としてある程度共有されている「サツマイモの生産性を向上させる樹木と草本」の知識体系を明らかにし、それが実際の植樹・除草行動、そして地域の植生に影響しているかどうかを検討することが必要である。「サツマイモの生産性を向上させる樹木と草本」の判断に個人間差が大きいことを認めるならば、少数の年長者への聞き取り調査では、生態学的に意味のある「サツマイモの生産性を向上させる樹木と草本」の知識体系を明らかにすることはできない。

4 サツマイモ畑に植えられた／残された植物

植樹と除草についての考え方と実践にかかわる個人差が大きいことを踏まえれば、全体像を知るためにはなるべく多くの個人を対象にデータをあつめるしかない。この調査のために、ヘリ、ウェナニ、キキダで合計三四のサツマイモ畑と三〇の休耕地／放棄された畑を対象に選んだ。そして、それぞれのハメイギニに居住していた三〇歳前後の男性の助けを借りながら、対象とした畑に生育しているすべての樹木と草の名前をフリ語で記録した。ただし、食用となる栽培作物については別にリストを作成し、コケ類、キノコ類、寄生植物は記録の対象から除外した。合計六四のサツマイモ畑・休耕地／放棄された畑を対象にした調査によって、八四の樹木の名前と一〇二の草本の名前を記録することができた。Haberle（1991）を参照しながら、フリ語の植物名に該当する科名・学名を確認した。

記録に際しては、それぞれの畑あるいは休耕地／放棄された畑ごとに、「人為的に植えられた植物」と、「自生した植物」を区別して記録した。「人為的に植えられた」ものと「自生したもの」の両方が存在した植物については、両方のリストに記録した。

なお、「植えられた植物」と「自生した植物」の区別は、調査を手伝ってくれた男性の判断である。フリの成人男性は、自分の居住するハメイギニに生育するほとんどの植物について、それが「植えられたものか」、「自生したものか」を区別することができるようである。タリ盆地においては「植えられた樹木」は耕作権の争いにおいて自分の主張の正当性を証明する重要な証拠となるために、人々は自分の居住するハメイギニ内における植樹行動に大きな注意を払っている。極端なことをいえば、それぞれの畑にどのような樹木が植えられているかを把握している。もし樹木が「植えられた」ものかどうかを知らない場合でも、土塁の一番高いところに等間隔に生えているなどの特徴から、経験的に「植えられた」ものか「自生した」ものかを判断できるという。調査を手伝ってくれた男性の判断が正しいかどうかを確認するために、「植えられた植物」と「自生した植物」の区別を、それぞれの畑の持ち主の申告と照合したところ、ほとんどのケースで両者に差異はなかった。

表3—1は、調査の対象とした畑に「植えられた」頻度の高い二五種の樹木について、フリ語の名前、和名、

表3-1　畑に植えられた樹木

耕作中の畑に植えられた頻度の高い植物（34の畑を調べた結果）とそれぞれの植物がサツマイモの生産性に寄与すると回答した男性の割合（13人への聞き取り）

フリ語の植物名	科名	学名	植えられていた畑の数	生えていた畑の数	サツマイモの生産性に寄与するか（%）
パジャブ	リューゼツラン科	*Cordyline fruticosa*	24	1	77
パワ（パルワ）	モクマオウ科	*Casuarina oligodon*	19	0	85
ミンディリア	モクマオウ科	*Casuarina papuana*	18	0	8
ポゲ	クワ科	*Ficus copiosa*	15	1	100
パイ	ブナ科	*Castanopsis acuminatissima*	14	5	92
ライ	ムクロジ科	*Dodonaea viscosa*	11	17	31
コーヒー	アカネ科	*Coffea arabica*	7	1	38
ウルルバ	アカネ科	*Wendlandia* sp.	7	10	38
カロマ	クロウメモドキ科	*Alphitonia incana*	6	14	54
ムリ	トウダイグサ科	*Glochidion* sp.	6	2	100
ハロ	ブナ科	*Lithocarpus* sp.	5	5	54
フビ	クワ科	*Ficus* sp.	5	14	92
タンヨ	？	?	5	5	31
ブリ	トウダイグサ科	*Glochidion* sp.	5	13	90
ヒブルア	トウダイグサ科	*Macaranga* sp.	4	1	50
マンディ	トウダイグサ科	?	4	9	100
アパレ	タコノキ科	*Pandanus conoideus*	3	0	33
アンガ	タコノキ科	*Pandanus* sp.	3	0	60
ナギア	ツバキ科	*Eurya dolichostyla*	3	7	46
タバジャ	マメ科	*Albizia falcataria*	3	12	88
マリタ	タコノキ科	?	2	0	0
カスター	？	?	2	0	67
パラ	ミカン科	*Euodia* sp.	2	7	70
タワ	タコノキ科	*Pandanus* sp.	2	0	40
テレテレ	トウダイグサ科	*Breynia* sp.	2	2	38

科名、学名、そして「植えられた」頻度と「自生した」頻度をまとめたものである。このなかで、パジャブ（*Cordyline fruticosa*）、及びアラビカコーヒー、タコノキの仲間（アパレ、アンガ、マリタ、タワ）は、必ずしもサツマイモの生産性向上とのかかわりにおいて植えられたものではない。パジャブは、日本では観葉植物としても栽培されるセンネンボクの仲間で、南太平洋ではかつて根茎部が食料として利用されていたことが知られている。畑の中の境界線に沿って植え付けられることが多く、その葉はフリの成人男性が戦争や

裁判に望む際の正式な服装で腰から臀部にかけての部分を飾るための材料として重要である。

アラビカコーヒーは、一九七〇年代終わりに換金作物として導入された。パプアニューギニアの東部高地で大規模なコーヒー栽培が地域経済におおきな影響を与えてきたのとは対照的に、タリ盆地におけるアラビカコーヒーの栽培は小規模かつ限定的である。丁寧な管理のおこなわれているコーヒーの木は少なく、そのほとんどがサツマイモ畑の端に、他の樹木に埋もれるように生育している。

一方、タコノキの仲間は、その実が食料として利用される他、腰巻きや袋をつくるための繊維をとることのできる有用樹種である。フリ語にはタコノキの仲間についての詳細な分類体系が残されており、タコノキの仲間がパプアニューギニア高地で栽培化され、タリ盆地においてもかつて重要な栽培植物であった可能性が示唆されている（Powell and Harrison 1982; Haberle 1998）。

パジャブ、アラビカコーヒー、タコノキの仲間を除く全ての樹木は、個人がサツマイモの生産性を向上させることを念頭におきながらそれぞれの畑に「植えた」ものである。対象とした三四プロットのうち一〇プロット以上で植えられていたものだけを列挙すれば、フリ語でパワあるいはパルアと呼ばれるモクマオウの仲間、さらにミンディリア、ポゲ、パイ、ライなどがある。興味深いことに、このなかには村の年長者たちとつくった「サツマイモの生産性を向上させる樹木リスト」に含まれるもの（パワ、ポゲ、パイ）がある一方で、ミンディリア、ライなどサツマイモの生産にはむしろ悪い影響を与えると説明された植物も含まれている。

村の年長者たちがサツマイモの生産性を向上させる樹木であると説明したタバジャとフビは、それぞれ三プロット、五プロットに植え付けられているのが観察された。また、調査の対象とした三四プロットの畑に植えられていた五四種類の樹木の半分以上は、わずかに一～二プロットに植えられていたものである。これは、ある特定の男性だけが「サツマイモの生産性を向上させる」と信じて植えた樹種が存在することを示唆している。

5 サツマイモの生産性を向上させる植物はどれか

「サツマイモの生産性を向上させる」樹種の知識体系にかかわる個人間差を検討するために、一三人の成人男性に、聞き取り調査をおこなった。具体的には、ひとつひとつの植物の名前をあげながら、「畑の周辺に存在することでサツマイモの生産性が向上すると思うか」という質問をおこなった。対象者には、(一)向上すると思う、(二)向上しないと思う、(三)わからない、のいずれかで回答してもらった。

表3—1の一番右の列には耕作中の畑(三四プロット)に「植えられた」頻度の高い二五種類について、それぞれの樹木が畑に存在することで「サツマイモの生産性が向上すると思う」と答えた個人の割合を示してある。植樹をする主体である成人男性の八〇%以上が「サツマイモの生産性が向上すると思う」と答えた樹木は、パワ、ポゲ、パイ、ムリ、フビ、ブリ、マンディ、タバジャの八種類であった。ここには、村の年長者が「植えることでサツマイモの生産性を向上させうる」と説明した五種類の樹木(パワ、ポゲ、パイ、フビ、タバジャ)も含まれている。

しかし一方で、ミンディリアについては「サツマイモの生産性が向上すると思う」と答えた成人男性はわずかに八%であり、また残りの樹種についても「サツマイモの生産性が向上するかどうか」についての個人の判断には一定の傾向がみられなかった。ミンディリアはパワとおなじ属の樹木であり、いずれも空中の窒素を固定する能力があるとされている（Wood 1985）。それにもかかわらず、この樹種について「土壌に肥沃さを改善する」と回答した個人が少なかった理由は、いまのところわからない。

6　サツマイモ栽培のための人為的植生形成

タリ盆地におけるサツマイモの生産性向上を目的とした植樹・除草行動について、それが形成されてきたプロセスを、いくつかの考古学的な証拠を参照しながら検討したい。パプアニューギニア高地は、地球上で報告されている農耕起源地のひとつである。西部高地州クク湿原における最近の考古学的再検証によれば、およそ一万年前に人為的な森林の攪乱が始まり、六〇〇〇年から七〇〇〇年前にはマウンドを利用した農耕が始まったと考えられている。バナナ（*Musa* spp.）およびタロ（*Colocasia esculenta*）は、パプアニューギニア高地で栽培化された可能性がある（Denham et al 2003）。その後、ニューギニア北岸へ到達したオーストロネシア語を話す人々のもたらした東南アジア起源の根菜農耕技術および栽培作物が、沿岸部と内陸をつなぐ交易ルートを介してパプアニューギニア高地にも伝えられたとされる。

おそらくタリ盆地では、高地に起源をもつ農耕技術と東南アジア起源の農耕技術が融合し、おそくとも一七〇〇年前にはタロイモを中心とする農耕システムが成立していたであろう。ことによると湿地ゾーンで始まったパプアニューギニア高地起源の農耕と、斜面ゾーンでの焼畑による東南アジア起源の農耕が、タリ盆地のなかで並行して存在した可能性もある。いまから九〇〇年前には、タリ盆地の広い範囲でモクマオウの植樹がはじめられた（Haberle 1998）。そのころから、タリ盆地における植樹・除草行動が形成されてきたと考えられる。

三〇〇年ほど前には、南米原産のサツマイモが導入された。サツマイモは、タロに比べて耐寒性があるため、それまで利用されていなかった標高の高い地域にまで人々の耕作地と居住地が拡大した。また、大量の火山灰が堆積したパプアニューギニア高地は水はけのよい土壌を好むサツマイモの栽培に適しており、サツマイモの導入によってタリ盆地の食料生産は安定し、人口が爆発的に増加した。人口が増加するプロセスで、サツマイモ耕作を集約化する必要が生じ、そのひとつの手段として、樹木と草本のコントロールがより集約的におこなわれるようになったのではないか。人々がサツマイモの生産性を向上させると判断した樹木を選択的に植え、サツマイモの生産性を向上させないと判断する草本を除草したことで、地域生態系に生育する樹木と草本は絶え間ない人為的な選択をうけることとなり、結果的にタリ盆地の生態環境はサツマイモの生産に適したものへと改変されてきたにちがいない。

タリ盆地において、植樹と除草を中心とした持続的なサツマイモ耕作技術が発達してきた背景には、フリの社会で樹木を植える行為がサツマイモの生産性向上の他にもいくつかの目的をもっていたことが重要であろう。前述したように樹木を植えるということは、自分の子孫が将来その畑の耕作権を主張するための根拠を与えることになる。ふだんから複数のハメイギニに畑を耕作し、一生の間にいくつものハメイギニを移動するフリの社会では、土地の耕作権をめぐる争いが頻発する。その争いにおいて耕作権を獲得するためには、「畑の周りの排水溝を掘ったのは自分の先祖である」、あるいは「畑に生える樹木を植えたのは自分の先祖である」ことを主張する必要がある。

その際に、客観的で説得力のある情報を提示するために、フリの成人男性はつねにハメイギニの中に生育する樹木の持ち主に関心をはらい、樹木を植えるべきでない男性による植樹に目を光らせ、自分の耕作権の正当性を補強するために樹木を植えるのである。このように集団内の社会関係を維持するシステムと相互に関連している状況において、生業の持続性を支えるシステムはより効率的に機能すると考えられる。

7 「あいまいな」知識体系

最後に、タリ盆地における植樹と除草にかかわる植物の知識体系のなかに、きわめて個人的で「あいまいな」領域が存在することの意味について議論したい。タリ盆地に居住するそれぞれの個人が、植えるべき樹木あるいは除くべき草本について独自の「確信体系」をもっていることは、現代農業における農耕技術のありかたとは対照的な特徴である。たとえば、タリ盆地にキャベツ栽培の農業技術を導入することを考えてみよう。キャベツ栽培には農学的に確立した技術体系が存在する。すなわち、キャベツの生産性を最大化するためには、どの肥料と農薬をどのタイミングで使うべきか、土壌のコンディションをどのように保つべきか、水やりをどうするかなどについて、農学的な回答が存在する。キャベツを生産しようとする生産者は技術体系を習得する必要があり、その習得の程度がキャベツの生産性を左右するだろう。キャベツの栽培技術が地域に定着するころには、キャベツ栽培の「上手な」生産者があらわれ、その人から他の個人への技術移転がおこなわれるに違いない。そうなれば、若い世代は前の世代が習得した栽培技術を学ぶことによってキャベツの栽培をおこなうことができる。

それに対して、タリ盆地でおこなわれているサツマイモ耕作では、マウンドの準備から、植え付け、除草、収穫に至るまでのプロセスに、ある程度は確立した技術体系が存在する一方で、持続的なサツマイモの生産のために不可欠な「サツマイモの生産性を向上させる」ことを目的とした植樹と除草の実践、およびそれにかかわる知識体系には個人差が大きい。植樹と除草にかかわる確立した知識体系は存在せず、それぞれの個人が経験的に獲得した「確信体系」が存在するのみである。もちろん個人の「確信体系」を集団として要約すれば、ある傾向が存在するのは事実であり、モクマオウの仲間に代表されるように、比較的おおくの人が「サツマイモの生産性を向上させる」と判断するような樹種も存在する。タリ盆地では、そのような樹木が高い頻度で畑に植えつけられ、また高い頻度で自生している。それでも、植樹と除草の現場における植物選択の判断そのものはきわめて個人的なものであり、たとえば、村の年長者の判断とそうでない者の判断に正誤はない。

近年、途上国におけるフードセキュリティーの問題への対応方策として、自給的な集団がもっている食料生産にかかわる経験知あるいは民俗知を活用することが議論されている。その前提となっているのは、自分たちの生存の基盤となる作物を栽培する農民は、毎日の試行錯誤でそれぞれの地域に根ざした経験知あるいは民俗知を獲得しているはずであり、その「知」を活用し強化することで、地域の特性にあった食料生産が可能となる、という考え方である。場合によっては、様々な「知」をデータベース化することにより、いろいろな地域における現実的な介入が可能となるとさえ考えられている。ただ、ここでいう経験知あるいは民俗知は、集団が伝承してきた役に立つ「知」の体系であり、現代農学における技術体系に対応するようなものが在来農耕にも存在することが想定されているようにおもう。タリ盆地でいえば、農業試験場で土壌への窒素添加効果が確認されているモクマオウの植樹などはこのイメージに近い。

しかしながら、実際には、タリ盆地における植樹と除草にかかわる経験知・民俗知の大部分を構成するのは、きわめて個人的な、共有されない知識体系である。この意味において、タリ盆地における植樹と除草に関する知識体系の全体と、「集団が伝承してきた経験知あるいは民俗知」というステレオタイプ化されたイメージとの間には大きな隔たりがある。

モクマオウを畑に植えるべきでないという個人がいたとしても、その個人の主張は、彼らの多様な経験知あるいは民俗知の想定する分布の範囲内である。それは、タリ盆地でキャベツを栽培する農民がキャベツに適した肥料の種類を知らないこととは本源的に異なっている。

タリ盆地における植樹と除草にかかわる知識体系は、現在の自然社会環境に対応し「現実的な意味をもつ」領域（多くの個人が同意する知識）と、その周りに拡がるきわめて「個人的で多様性のおおきい」領域とによって構成されていると理解することができる。これまで述べてきたように、前者は、盆地全体の自然植生をサツマイモ栽培に適したものに改変してきた可能性がある一方で、後者は、植樹と除草における植物の選択に多様性を生み出し、結果的に耕作空間における生物多様性の維持に寄与した側面をもつだろう。

私は、このような経験知あるいは民俗知の構造は、自然とかかわりながら生きてきた人類集団にとって実は普遍的なものではないかと考えている。国家政策や市場経済化など外部の介入にさらされる中国海南島のリー族の社会においても、自分の生活する自然環境に対する広範な知識と生業の多様性をもつこと、すなわち「自然のジェネラリスト」であることが、地域の発展におけるひとつの優位性となっていた。具体的にいえば、焼畑と狩猟採集が生業の重要な基盤となっていた時代には、「個人的で多様性の大きい」領域に存在していたにすぎなかった水田周辺の雑草利用の知識が、焼畑と狩猟採集が政策的に禁止されたことで、副食獲得手段として「現実的な意味をもつ」知識領域へと移動し、それが人々の生存の基盤となったからである（梅﨑 2004）。

現実的に考えれば、市場の流動化がすすむなかでパプアニューギニアを含む南太平洋およびアジアの農村部では外部的な介入及び地域の内部的な動きによる開発の試みがますます加速していくと考えられる。その状況において、「現実的な意味をもつ」領域とともに、「きわめて個人的で多様性のおおきい」領域を包含する集団の経験知あるいは民俗知は、重要な意味をもつにちがいない。集団の生存システムが変容するプロセスでおこする失敗や問題への対応力は、集団のもつ経験知あるいは民俗知の「個人的で多様性の大きい」領域にこそ存在すると考えられるからである。その意味でいえば、経験知あるいは民俗知の研究は、人類学にとどまらず開発学、環境学の専門家にとっても重要な研究課題となりうるし、また実際に開発に携わる実務家にとっても考慮すべきことがらになる。ただ、繰り返していえば、その際にはステレオタイプ化された「意味のある」経験知あるいは民俗知にのみ注目するのではなく、いろいろな人が自分勝手に意見を述べているようにみえる「個人的で多様性の大きい」経験知あるいは民俗知についてのデータ収集が不可欠であると思う。

第4章

高地の食生活

1　サツマイモ

タリ盆地の食生活で重要な食べ物は、間違いなくサツマイモである。ほぼすべての食事に登場し、成人一人あたりの平均サツマイモ摂取量は一日あたり一キログラムを超える。基本的に、朝、昼、夕を問わず、食べるのはサツマイモである。家の入口にはサツマイモが積んであることがおおく、腹が減ると、そこからいくつかを選んで焼いて食べる。すべての畑はサツマイモ畑であり、そこにサトウキビのほか、ケレバ、アルバなど在来の野菜がわずかに混植される。水路に生えるクレソンやセリの仲間、イチジクの仲間の葉なども時として採集される。家の横にはキッチンガーデンがあり、そこにはバナナ、ハヤトウリ、カボチャ、コロカシア属のタロイモなどが植えられている。もちろん、お金があれば、米、サバの缶詰、インスタントラーメンなどの購入食品も好んで食べられる。学校の先生や教会の関係者など現金収入のある世帯を除けば、村に住むフリの食生活は、ふだんはサツマイモのみを食べ、たまに、葉もの野菜（ケレバ、アルバなど）を一緒に食べるというイメージだと思う。サツマイモの余剰がありそれが市場で売れた際には、炊いたコメにインスタントラーメンと缶詰のサバをのせた御馳走をたべる。購入食品を除けば唯一の動物性タンパク質源であるブタは、結婚式、争いの手打ち、お祭りなど、特別な場面でのみ食べることのできるものである。

日本の食生活に慣れ親しんだものの正直な感じ方として、サツマイモばかりで飽きないのだろうかと思うのは仕方ないことだろう。タリ盆地のサツマイモは大変おいしい。嗜好品でなく主食であるための条件だろうか、どの品種も日本の焼き芋ほど甘くなく、あっさりとした味である。それでも一日に一キログラム以上のサツマイモを食べる生活は慣れるまではそれなりに大変であった。

もともと、タリ盆地では土器の利用が一般的ではなかったので、サツマイモの主たる調理法は、灰焼きと石蒸しであった。灰焼きが日常的な調理、石蒸しは特別な場面での調理である。灰焼きにする場合、まず竹でつくったナイフで、サツマイモの皮を削りおとす。皮を削ったサツマイモは、たき火のまわりに並べて、表面を乾かす。表面が乾燥してパリパリになり、すこし焦げ目がつくと、地炉の掘りくぼめた部分にある熱い灰にうずめて、その上に熾火をおく。熾火が消えないように注意しながら六〇分ほどかけて火を通していく。この調理法のポイントは、最初に皮を削って表面を軽く焦がすことと、長い時間をかけて加熱することである。

地炉にある灰の量とサツマイモの大きさにもよるが、一回に調理できるサツマイモは、中くらいの大きさのものをせいぜい一〇個である。家族が多い場合は、最初に子どもが食べるサツマイモを調理し、そのあとで大人のサツマイモを焼くこともおおい。おおむね火が通ったころ、木製の火ばさみを灰のなかにそっと差し込み、ゆっくりと灰をかきまぜながらサツマイモを掘り起こす（写真4―1）。私がやると、焼けたサツマイモを火ばさみで突き刺してしまうこともおおく、うまく掘り出すのは難しいものである。

一方、石蒸しは、一度にたくさんのサツマイモを調理することができる。これは、石の蓄熱を利用した調理方法であり、屋外で大量の石をたき火で焼くことから調理が始まる。石の蓄熱量は大きいので、こぶしくらいの大きさの石でも、よく焼いたものは、バケツに入れた水を何度も沸騰させることのできるくらいの熱をためることができる。まず、よく焼いた石を、地面に掘った穴にしきつめていく。家の横には、家族で食べる石蒸

写真4-1　灰に埋めて調理したサツマイモ

写真4-2　石蒸しで調理されたサツマイモ、イチジク、マメ

し料理に使う穴と石がセットで存在することもおおい。穴の大きさはさまざまで、家族のための石蒸し料理では直径七〇から一〇〇センチメートル、深さが五〇センチメートルほどの穴がつかわれる。戦争の手打ちなどたくさんの人が集まる場面での石蒸し料理では大きな穴が使われ、私がみたなかで一番大きいものは幅二メートル、長さが二〇メートル以上もあった。

焼いた石に食べ物がふれると焦げてしまうので、敷き詰めた焼石は、シダやバナナの葉で厚くおおう。その上に、サツマイモのほか、カボチャ、ハヤトウリ、バナナなどを置き、ブタを一緒に調理する場合には、背開きにしたものをのせる。それを再びシダやバナナの葉でしっかりおおい、全体に水をふりかけたうえで、土をかけていく。なかの蒸気がもれないように、完全に土で覆い、四〜五時間ほど蒸し焼きにする。

石蒸しで調理したサツマイモもまた、おいしいものである。蒸し上がったサツマイモはあざやかな色であり、適度にしっとりとして食べやすい(写真4—2)。焦げたシダやバナナの葉がほのかにかおるのも悪くない。冷えると芋ようかんのようなねっとりした味になり、それもまたおいしい。灰焼きのサツマイモが冷えるとあまりおいしくないのと対照的である。

2　品種のこと

一九七〇年代の民族誌によると、タリ盆地には四〇以上のサツマイモ品種がみられたという。私が滞在した

写真4-3　母親と娘がサツマイモ畑で働く

一九九〇年代にも、村の畑には、二〇以上の品種が確認された。サツマイモしかないのだから、なるべく違うサツマイモを食べたい、苦みのあるサツマイモ、あっさりしたサツマイモ、水っぽいサツマイモ、堅いサツマイモ、いろいろあるから飽きずに食べ続けることができる、と人々はいう。

実際、フリの人々は、新しいサツマイモの品種を自分の畑に栽培することに大変熱心である（写真4―3）。よその地域にでかけた際には、自分の畑にない品種のサツマイモの蔓をもちかえることもおおい。新しい品種の蔓がお金を介して取引されることもある。

新しい品種の蔓が畑に植え付けられ、数か月後にサツマイモが収穫されると、家族や友人とあれこれと品評する。その味が気に入れば、その品種の蔓を自分の他の畑にも植え付け、また友人たちにも蔓をわける。このようにして、新しい品種は盆地全体にひろがり、同時に、古い品種は消え去っていく。おもしろいことに、老人が子供のころ食べたサツマイモの品種で現在も栽培されてい

表4-1　サツマイモの品種

品種名	地域	タンパク質含有量（100g あたり）		100g あたりエネルギー含有量（kJ）
		新鮮重量あたり	乾燥重量あたり	乾燥重量あたり
ワヌムニ	タリ	2.36	6.4	1641
イバ	タリ	1.64	4.8	1647
ポ	タリ	1.47	4.5	1641
ペナリア	タリ	1.65	4.4	1650
ブラウ	タリ	1.09	3.7	1645
ヤガハバ	タリ	1.02	3.1	1643
ワラリ・パガブア	タリ	0.77	2.6	1642
オプメ	アサロ	1.56	5.2	1626
クラ	アサロ	1.08	3.4	1627
トニー	アサロ	0.93	3.2	1624
グロヘ	アサロ	0.81	2.5	1649
ガシリ	アサロ	0.57	2.2	1643
イキサベナ	アサロ	0.61	1.8	1657
コニメジョ	アサロ	0.53	1.6	1651
オカパ	アサロ	0.56	1.6	1653
タリ	平均	1.4	4.2	1644
アサロ	平均	0.8	2.7	1641

るものはひとつもないという。

なお、栽培されるサツマイモの品種は、特に乾燥に強いとか、寒さに強いという理由で選択されているわけではなさそうである。サツマイモは乾燥した土壌を好むこと、雨が続くとサツマイモの生産性が低下すること、さらに霜がおりるとサツマイモが枯れてしまうことなど、サツマイモの作物としての特徴とその栽培の方法については、人々はよく知っている。それでも、サツマイモの品種ごとに生産性が異なる、あるいは天候不順に対する抵抗性が異なるという話はきかなかった。

表4―1にはタリ盆地で栽培されていた七品種のサツマイモと、東高地州のアサロ地域で収集した八品種のサツマイモのタンパク質含有量をまとめた（Umezaki et al. 2001）。アサロは、パプアニューギニア高地のなかでも近代化の進んだ地域であり、購入食品の摂取量が多いために、

サツマイモの摂取量はタリ盆地より少ない。

この表から明らかなのは、タリ盆地で栽培されるサツマイモの品種はタンパク質を多く含むということである。日本の食品成分表によると、サツマイモ一〇〇グラムあたりのタンパク質含有量は一・二グラムである。それに対して、タリ盆地で栽培されている主要な三つの品種のタンパク質含有量はそれぞれ二・四グラム（品種名ワヌム二）、一・六グラム（品種名イバ）、一・七グラム（品種名ペナリア）、平均すると一・九グラムであった。一方、アサロで収集した八品種のサツマイモのタンパク質含有量は平均〇・八グラムであった。

一日に一五〇〇グラムのサツマイモを食べるとすると、そこからのタンパク質摂取量はタリの主要品種の値を使った場合には二九グラム、日本の成分表を使った場合は一八グラム、アサロの品種の値を使った場合には一二グラムと推定される。本書の後半で説明するように、タリ盆地の人々の摂取するタンパク質の量は、現代栄養学の想定する必要量を下回っている。このような状況において、質の良いタンパク質をおおく含むサツマイモの品種が選択的に栽培されていることには、適応的な意味があるとも考えられる。

これらのサツマイモ品種については、アミノ酸の含有量を測定し、アミノ酸スコアの推定もおこなった。アミノ酸スコアとは、タンパク質の「質」を評価する指標で、特に植物に含まれるタンパク質の栄養学的な価値を考える際に重要である。おおざっぱな理解としては、アミノ酸スコアが一〇〇であれば摂取したタンパク質はすべてが体たんぱく質（筋肉、酵素、体液など）の材料として利用されることが期待されるものの、五〇であれば摂取した量の半分ほどしか体たんぱく質の材料にならず、残りはエネルギーとして消費されることを意味する。タリ盆地のサツマイモの平均アミノ酸スコアは八七、アサロのサツマイモのスコアは八三であった。これは日本やアメリカで食用とされているサツマイモ品種のアミノ酸スコアとほぼ同じである。

サツマイモを主食とするパプアニューギニア高地において、アミノ酸スコアの高い品種を導入することには栄養学的な意味がある。一九六〇年代から一九八〇年代にかけて、パプアニューギニア高地で栽培されていたサツマイモのアミノ酸スコアは低かった。たとえば、一九六〇年代に発表した論文で、オーメンはサツマイモのアミノ酸スコアを三八から四二と報告している（Oomen 1970）。一九八〇年代の論文で報告されたサツマイモのアミノ酸スコアは、四二から八三、中央値六五であった。このようなデータに基づき、パプアニューギニアのDPI（Department of Primary Industry）は、タンパク質含有量が多くアミノ酸スコアの高いサツマイモ品種を国外から導入した。DPIは各地に実験農場をもっており、おそらくその農場で栽培されたサツマイモの蔓が、地域に広がったのだとおもう。

タンパク質が不足した状況にある生物は、タンパク質を多く含む食品を好むことを明らかにした研究もある。さまざまな品種のなかで、タリ盆地の人々はよりタンパク質含有量が多くアミノ酸スコアの高い品種のサツマイモを知らず知らずのうちに選択してきたのかもしれない。

3　クム

タリ盆地の食生活でサツマイモが最重要な作物であることは間違いないとしても、人々は時には葉もの野菜を食べる。ここでいう葉もの野菜とは、キャベツやレタスなどの世界中に流通しているものではなく、サツマイモ畑あるいはキッチンガーデンで栽培される在来の野菜のことである。これらの葉もの野菜は、パプアニューギニアで広く話されているピジン語で、クムと総称される。葉もの野菜を調理してつくった料理もやはりクムと呼ばれる。キャベツやレタスなど、最近になって栽培されるようになった葉もの野菜はクムとは呼ばれない。

クムは必ずしもパプアニューギニアで栽培化された植物ではないが、肥料および農薬を使わなくても栽培可能という意味では、在来野菜と呼んでもいいと思う。畑で栽培されるクムのなかで代表的なのは、カボチャやハヤトウリの葉、アマランサス（*Amaranthus* spp.）、ルンギア（*Rungia klossii*）の葉である。シダやクレソン、セリ、イチジクの葉と実は、畑の外側に自生するものを採集する。

教会や学校では、クムは子どもの成長によい食べものだと教えるので、意識の高い最近のお母さんたちは、子どもにクムを食べさせようと努力する。毎日というわけにはいかないとしても、小さな子どもたちが、夕食時に一から二種類のゆでたクムをサツマイモと一緒に食べているのを目にするのはそれほど珍しいことではない。

クムの調理にはすこしずつ新しい方法が生まれている。昔からあるのは、竹筒にクムを押し込んで焚火にくべる方法である。竹といっても孟宗竹のように大きなものではなく、太さが五センチメートルほどの竹である。その中に、ルンギアやアマランサスの葉をつめて、直火にくべ、蒸し焼きにする。しだいに竹の中のクムの嵩が減るので、さらにクムを追加して、隙間なくつめこみ、再び蒸し焼きにする。もしブタの脂身があれば、それも一緒に入れる。この方法で調理すると、クムがトロトロの食感になる。食べておいしいのは間違いないが、調理するのに時間がかかって大変である。

ステンレスの鍋が導入されてから、クムの調理ははるかに簡単になった。少ない水で蒸しながら煮るのがポイントで、やわらかく煮えた段階で塩を入れる。調理の手順は単純ではあるが、柔らかい葉を集め、スジを除いて丁寧に下ごしらえすることで、できあがりの味に差がつくものである。

一九九〇年代には、お金がある世帯の間で仕上げにサバの缶詰あるいは食用油を加えるのが流行した。クムの舌触りと歯ごたえがよくなり、韓国料理のナムルのような味になる。インスタントヌードルをクムに入れて煮込むこともある。日本でインスタントヌードルに野菜を入れるのとちょうど反対で、大量のクムのなかにひとつのインスタントラーメンを入れる。インスタントヌードルのスープによってクムに薄いコンソメ味がつき、意外においしい。

現在では、タリ盆地でも、男性が妻子と同じ家で暮らすのは珍しいことではない。しかし、私が調査をしていた一九九〇年代にはまだ、男性だけが集まって暮らす家（以下、男の家と呼ぶ）があった。女性は男の家の敷地に入ってはいけないことになっていた。

ヘリを調査するときに、最初に僕が泊まらせてもらった男の家は大きなもので、子どもから年寄りまであわせて一〇人ほどの男たちが寝泊まりしていた。真ん中に炉をきった奥行き一〇メートルほどの土間があり、その右左に小さな部屋が並んでいた。部屋に寝るのは中年以降の男で、若者や子ども、遠方から訪ねてきた親戚の男などは、草を敷きつめた土間にごろ寝である（写真4—4）。

男の家では、食事当番が決まっているわけではなく、それぞれが自分のサツマイモをもちかえり、自分のサツマイモを焼いて食べた。小さな男の子は父親にイモを焼いてもらうが、一二〜一三歳をすぎた若者は自分が食べるサツマイモは自分でさがして、自分で焼く。年長の男たちが結婚式や戦争の手打ち式からブタ肉を持ち帰ることもあり、それは男の家にすむ全員に分配された。薪集めや水くみは若者や子どもが担当することがお

写真4-4　男の家の内部

おかった。

男の家で暮らす男たちは、規範として「硬派」であることが求められる。妻子のことは気にかけず、戦争にすすんでかけつけ、敵の弓矢を怖がらない。囲炉裏のまわりで話すことは、よその地域とどのようなもめごとがあるか、それはどのようにして解決できるか、戦いになった場合に勝算はあるか、そのようなことである。

男性が集団で暮らすのに対して、男たちの妻と小さな子どもはそれぞれの家で暮らしていた。男の家のほとんどが、山の稜線などみはらしのよい場所に建てられているのに対して、妻子の住む家は道から離れた谷間の畑にひっそりと建てられることがおおい。妻子の住む家のある畑のまわりには二〜三メートルもある堀があり、たいていの場合、敷地に入るには一本橋を渡らなければならない。畑のまわりにはモクマオウなどの樹木が植えられていて、外からは家がみえないようになっている。そこは閉じた空間で、例えば、親戚でもない男性が敷地内に入ることは、大きなトラブルのもとになる（私のような

写真4-5　女性と子どもが暮らす家は外から見えないように建てられている

「安全な」人間は別として）（写真4―5）。

夫婦が離れて暮らしていた背景には、パプアニューギニア高地の男性がもつ身体観が関係している。身体を構成する要素は男女で質的に違うと考えられており、成長の仕組みと健康維持の方法も男女で異なっている。男性にとって、女性の血液は、成長を阻害し、健康を損なう原因になるものである。だから、強く元気でいるためには、なるべく女性から離れて暮らし、女性が調理したものは食べるべきではない。殴り合いのけんかに負けた私の友人は、負けた原因は妻と一緒に暮らしたからだと考え、その翌日から男の家に暮らし始めた。

そんな社会に生きる男性にとって、女性は悩ましい存在である。正直なところ、奥さんとは一緒に暮らしたい。でもそうすると、女性の血に触れるリスクが高くなり、喧嘩が弱くなるし、下手をすると病気になってしまうかもしれないのである。

男性である以上、それは子どもでも同じことだ。男の子が、お母さんとずっと一緒に暮らし、お母さんの料理したものを食べていると、強い男に育つことはできない。だから、七歳を過ぎた頃から男の子は母親の家を離れ、父や兄、いとこ、叔父たちが集団生活をする男の家に移るのである。それは強く健康な男に成長するためには必要なことなのだ。

お父さんと一緒に暮らすようになった子どもは、それまでは母親が調理してくれていたクムを食べることができなくなる。なぜかというと、男の家でわざわざ自分のためにクムをゆでる男性などいないからである。クムをゆでる鍋さえないこともおおい。「硬派」な男たちがふだん食べるのはサツマイモである。そうなると、男の子もお父さんの焼いたサツマイモを食べて、クムなしの食生活で生きることになる。小さいとはいえ男性だから、お母さんの家にクムをもらいにいくわけにもいかない。クムは、お母さんと一緒に暮らした頃を思い出すおふくろの味のようなものだと思う。

考えてみれば、パプアニューギニア高地でのクムの位置づけは、私たちの食生活での葉もの野菜とずいぶん違う。私の家の冷蔵庫には、キャベツ、サニーレタス、ホウレンソウ、ネギなどの葉もの野菜が入っている。冷蔵庫の外には、新聞につつんだハクサイもある。キャベツは、野菜炒めに使おうと思って買ったものである。サニーレタスは朝食のサラダ用、ホウレンソウは味噌汁の具になる予定である。ネギは、友人の実家から定期的に購入するお米の箱にサービスでつめてあったもので、あらゆる料理につかっている。いずれもおいしい料理になるのは間違いないが、主役というよりは脇役であり、ごはんや肉・魚だけでは不足する食物繊維やビタミンが摂れるように毎日食べましょう、という位置づけである。

パプアニューギニア高地のクムは、その立ち位置が時間とともに大きく変わった。鍋がなかったころは、竹蒸しなど手のかかる方法で調理してたまに食べる御馳走であった。それほど特別ではないものの、かといって日常的な食べ物でもない。日本人にとってのお寿司あるいは天ぷらのようなものだったのかと思う。その後、ステンレス鍋とともに西洋から現代栄養学の考え方が導入され、お母さんたちは子どもにクムをなるべく頻繁に食べさせるようになった。食料油、サバの缶詰、インスタントラーメンなどが加わってクム料理としてのおいしさの進化もあり、子どもの成長に関心をもつ「よい」母親を象徴するような料理となった。

一九九〇年代の男の子どもは、七歳をすぎるとお母さんのクムを食べて強く成長するのではなく、お母さんから離れることで強く成長することを期待されていた。これは栄養学的に考えれば不合理ともいえるが、人々の身体観に根ざす信念でもあり、部外者には口出ししにくいことである。いまでは、男性が妻や子どもと同居することは一般化し、男の子どころか父親もクムを食べるようになった。うちは毎日クムを食べているから家族は健康で、子どもはよく育つのだと自慢する男性の顔をみると、時代は変わったものだと思う。

二〇一〇年代になると、この地域では世界最大規模ともいわれる天然ガスの採掘事業がすすみ、人々の暮らしはますます急激に変化している。心配なのは、町のマーケットでクムが売られなくなったことである。お金があるのだから、クムのように時間のかかる料理はやめて、ソーセージやコンビーフなど手をかけずに食べられるパンチの効いたものを食べましょう、という風潮が広まっているのかもしれない。クム料理は、おふくろの味から、昔の味へと変わるのだろうか。

4 ブタ

ブタ肉を食べるチャンスはそれほど多くはないが、それは突然やってくる。よくあるパターンは、以下のようなものである。夕方、子どもたちと私がぼんやりたき火のそばに座っているとする。今日は、一緒に暮らす男の帰りが遅いなと思っていると、日も暮れて暗くなるころに彼が戻ってくる。遅かったね、というと、男はおもむろにバッグや上着のポケットのなかからブタ肉をとりだし、得意げに笑う。たいてい、ブタ肉は石蒸しで調理されたもので、食用のシダと一緒にバナナなどの葉っぱに包まれている。

そうやって家に持ち帰られたブタは、持ち帰った男がその場にいた全員に分配し、たいていの場合は、塩もつけずに食べてしまう。薄切りではなく、かたまりで食べることもあるのだろうが、食感としては日本の鶏肉の歯ごたえを良くしたような感じで、肉汁にこくがある。塩をつけなくても、塩味を感じるほどにうまみが強い。ブタを食べるときには、大げさなおいしさの表現として、自分の耳たぶを引っ張りながら首をすくめ、「テンデビー」といいながらふざける。

東京のスーパーで一般に売られているブタ肉とは異なり、パプアニューギニア高地のブタ肉は「皮付き」である。調理の際に、体表の毛を火にあぶって焼ききるために、皮はこんがりと焦げている。子豚は皮がやわらかくて薄いので、肉と皮を一緒にたべると、もちもちとおいしい。大きなブタの皮は厚く固いので、肉から切り離してサツマイモとともにすこしずつ食されることがおおい。灰で焼いたサツマイモを右手にもち、ブタの皮を左手にもって、皮をちびちびとかじりながらサツマイモを食べる。ブタの皮目にある脂には独特の風味があり、甘いサツマイモとの相性は抜群である。日本でも、三枚肉をこんがり焼いて、塩をつけずに焼き芋と一緒に食べれば、パプアニューギニア高地の味をそれなりに再現できる。

パプアニューギニア高地で、ブタに与える餌のコストと、得られるブタ肉の量を比較した研究では、効率を優先させるならば、ブタは生まれてから六か月飼養した時点で屠殺して食べるのがよいと報告されている。ウエナニでは、平均すると世帯あたり六匹のブタが飼育されていた。ブタを生後六か月飼養して食べると仮定すれば、月齢の異なるブタ六匹を常時飼養している世帯は、一か月に一匹のペースでブタを食べることができる計算になる。それを四世帯で互いに分配するとすれば、すくなくとも一週間に一回、一世帯あたり六か月齢のブタの四分の一を食べることになる。

しかし実際には、人々がブタを食べる頻度と量は、この試算よりもはるかに少ない。よくて二週間に一回、時には一月に一回もブタ肉が口に入らないこともある。この理由は簡単で、人々が六か月齢をすぎたブタを、食用に屠殺することなくそのまま飼い続けるからである。パプアニューギニア高地において、ブタは育てて食べるだけの家畜ではない。

よく知られているように、パプアニューギニア高地では、ブタは婚資として使われる。男性が結婚するためには、結婚相手の親族集団が要求する数のブタを準備しなければならない。村で生まれ育った女性と結婚するために男性が準備しなければならないブタは、一九九〇年代終わりの相場で約三〇匹、そのうち二〇匹は棒にしばりつけて二人がかりで担いでこなければならないほどの大きさのものであった。結婚相手の女性が高校を卒業し、会社で働いている場合には、教育を受けさせるために親が支払った学費や、女性が会社から受け取る給料などが勘案され、婚資として要求されるブタの数はずいぶん多くなる。

婚資のブタ全てを新郎が自分で準備するわけではない。婚資としてのブタの大部分は、新郎の親戚（男性の）によって拠出される。新郎に必要なのは、たくさんのブタを持っていることではなく、たくさんの親戚をもつことである。とはいえ、親戚であれば誰でもブタを拠出してくれるわけでもない。

親戚がけんかに巻き込まれた時には味方につき、結婚する際にはブタを拠出し、砂金を掘って金が儲かったときにはビールをおごるといった、ふだんのつきあいを大切にしていれば、その親戚はブタを拠出してくれるだろう。逆に、けんかがあっても見てみぬふりをして、結婚した親戚へのブタの拠出をしぶり、儲けたお金は全て銀行に預けてしまうような「ケチな男」には、ブタを拠出してくれる親戚はそれほど多くないはずである。結果的に「ケチな男」がタリ盆地の規範のなかで結婚するのは難しい。というより、タリ盆地では「ケチな男」として生きていくことが難しいといってもよい。結婚する男性には、ある種の甲斐性が必要とされ、その甲斐性は親戚が拠出するブタの数で計られる。ブタ三〇匹分の甲斐性がタリ盆地で結婚できる男性の最低ラインである。

自分が世話になった親戚が結婚する際に、婚資として拠出するブタを持っていないという状況はあってはならないことである。できれば、棒にしばりつけて二人で担ぐくらいの大きさのもの、それがなければ小さなブタでもよいので、世話になった男の結婚にはブタを拠出するのが義理であろう。となると、ブタは大きくなったから食べるものではなく、親戚の結婚にそなえて飼うもの、しかもなるべく大きくなるまで飼うものとなる。

ブタがやりとりされるもうひとつの重要な場面は、争いの手打ちである。争いの理由は、自分の奥さんに目配せをした男への嫉妬、断りもなく家の敷地に入ったことへの非難、ブタを盗んだのではないかとの疑惑、人が勝手に自分の植えた木を切ったことへの憤りなど、日常的な諍いである。しかし、諍いの当事者である二人がお互いに譲らず、争いを続けると、それぞれをサポートする親戚が遠方より集まるので、争いの火はなかなか消えない。

もちろん、一方をサポートする人が一〇〇人いたとして、もう一方をサポートする人が三〇人しかいないような場合は、三〇人しかサポーターのいない方が譲歩して、相手側にブタを渡して争いは終結する。

ところが、双方をおなじくらいの数の親戚がサポートする状況になると、それはしばしば弓矢や散弾銃をもって戦う争いに発展してしまう。とはいえ、このような戦いでたくさんの人が死ぬことはまれであり、ふつうは双方の数名が亡くなるまで戦い、争いは手打ちとなる。

そこで大切なのが、争いの当事者が自分に味方をして戦争で死亡した人の補償としてブタを渡すことである。ここでも、争いの当事者が全てのブタを拠出するわけではなく、戦争に参加した当事者の親戚がブタを拠出する。二〇〇〇年頃、男性一人が亡くなった場合の補償の相場は、棒にしばりつけて二人がかりで担がなければならない大きさのブタを九〇匹、そこまでは大きくないブタを一八〇匹であった。これは婚資よりもはるかに大きい数である。ブタは、死亡した個人の親戚に分配される。

こうして、誰かが結婚するたびに、そして戦争がおこるたびに、ブタはこちらからあちらへと譲渡される。結婚や争いにかかわるやりとりをする場では、一部のブタが屠殺され、サツマイモや食用シダと一緒に石蒸し料理にされる。石蒸し料理のうち、サツマイモと一部の食用シダはその場で食べ、ブタと残りの食用シダは、その場にいた人々に分配され、家へと持ち帰られる。こうして、夕方、私のくつろぐ家に、ブタ肉がもたらされるのである。

こういう話をすると、パプアニューギニア高地におけるブタは、人間関係の維持・調整のためだけに存在しているかのような印象を与えるかもしれないが、逆の見方をすれば、社会的制約のなかで食べる機会が制限されることによって、そのおいしさは特別視されることになり、大変なごちそうとしての地位を得ているとも考えられるだろう。

高地で暮らすブタの一日は優雅なものである。昼間は、サツマイモを収穫したあとの畑に連れていってもらい、そこでサツマイモのくずや地虫などを掘り返して食べたり、昼寝をしたりする。畑から自分の小屋に戻る途中では水たまりでぬた打ちをし、家に帰ると飼い主から餌のサツマイモをもらう。成長が早くなるからといって、わざわざ茹でたサツマイモを与える飼い主もおおい。餌を食べて満腹したブタは、飼い主のそばにごろりと横になり、おなかをなでてもらいながら、目をつぶる。このように育てられたブタがおいしくないはずはない。

しかも、そのブタは、飼い主が食べたいときに食べてよいものではない。食べるためには、結婚式や戦争の手打ちの機会を待たなければならず、そこで手に入れたブタは人前では食べることはできず、家に持ち帰れば、たまたまその場にいた私のような人間にも分配しなければならない。ブタを食べるまでのさまざまな困難こそが、そのおいしさを信じがたいレベルにまで高めるのである。

実際、人々は、村のブタに比べれば、町のスーパーで売っているブタ（養豚業者に飼養されたもの）はたいしておいしくないと言うし、私自身も町で食べるブタは、所詮、ブタ肉であって、タリ盆地でたべるようなあこがれの食べ物とは違うように感じる。高地のブタの本当の味がわかるのは、タリ盆地に暮らし、その文化的修飾を体験してきた人だけなのである。

5 食事調査の方法

パプアニューギニアにおける生態人類学研究は、大塚柳太郎さんによるオリオモ台地のギデラ語を話す人々の調査から始まった。ギデラの調査では、大塚さんによる単独の調査に続いて、稲岡司さん、秋道智彌さん、河辺俊雄さんが住み込み調査をおこなった。ギデラ調査と並行して、ニューギニア高地辺縁部および山麓部に居住するオク語、サモ語、クボ語を話す人々の調査も行われた。その調査には、大塚柳太郎さん、口蔵幸雄さん、須田一弘さん、秋道智彌さん、河辺俊雄さんが参加した。一九九〇年以降は、調査の対象とする地域がひろがり、タリ盆地では私のほかに山内太郎さんが、東高地州のゴロカ周辺では夏原和美さんが、マヌス州では安高雄治さんが、高地周縁部のボサビでは小谷真吾さんが住み込み調査をした。

調査の内容は、対象とする集団の特徴および研究者の関心によって多様ではあるが、おそらく唯一共通するのは食生活の調査ではないかとおもう。食生活というものは、それぞれの地域の生業の違いを反映するし、栄養状態・健康状態の重要な決定要因であり、また社会の成り立ちを知るうえでも有用な情報になるものである。

食事調査の方法については、工業化された社会に暮らす人々を対象に確立されたものが数多く存在する。たとえば、食品ごとに摂取頻度と一回あたりの摂取量を質問することでエネルギーおよび栄養素の摂取量を推定する食物摂取頻度調査法、調査の参加者が自分で食べたものの名前と量を記録する自記式日記法、参加者に自分の食事ともう一セットの食事を準備してもらい、そこに含有されるエネルギー/栄養素を測定する陰膳法などが代表的である。インタビューをする時点から過去二四時間の間に対象者が食べたものをすべて聞き取る二四時間思い出し法というものもある。

パプアニューギニア高地など生業社会の食生活を調べるためには、日本などで実施される調査とは異なる工夫が必要である。ほとんどの人々は、計量カップ、計量スプーン、秤などになじみがなく、「一日にどのくらいのサツマイモを食べますか」などの質問で摂取量を推定することは難しい。重さやエネルギー、栄養素の摂取量を意識しながら食べるという行動はパプアニューギニア高地では一般的ではない。したがって、食生活を定量的に評価するためには、調査者が、バネ秤などをつかって、人々が食べるものを全て秤量することが基本となる。

食事の秤量調査をおこなう際、わたしたちは、早朝、対象とする世帯の人が起きる前にその家のそばにでかけ、誰かが起きる気配がするまで戸外で待つ。家の人が起きると、「今日も一日食べ物を量りにきたよ」という挨拶をし、対象者が食べるものを朝から晩まで秤量させてもらう。数軒の家がかたまっているようなところを選べば、同時に複数の世帯を対象にした調査が可能である。

このような調査では、人々がその日の最後の食事を終えるのを見届けるまで観察を続けるのが決まりである。東高地州で調査をした夏原和美さんは、夜の一〇時過ぎにニワトリを持ち帰った対象者が、ニワトリを調理して食べ終わるのを見届けるために、夜中の一時まで調査を継続したことがあるそうである。第7章で説明する首都ポートモレスビーの移住者集落で食事調査をした時には、いつ帰宅するかわからない酔っ払いを待っていられないと思い、調査の終了時間を夜の一〇時に設定したのを思い出す。日曜は教会にいくので前の日に調理しておいたものを食べるなど、食生活は曜日によって変化するものである。したがって、食事調査の期間は一週間を最小単位とする。週ごとの変動が大きい場合は、それを二週間、場合によっては三週間も継続する。

調査者は対象とする人からある程度は信頼され、冗談関係が成立し、その上で調査の方法をあらかじめ理解しておいてもらうことが大切だと思う。また、正確なデータを収集するためには、参加者の協力が不可欠である。調査を始める前の夕方に、対象の世帯を訪問し、家のなかにある塩や砂糖、油などをあらかじめ量っておくこともポイントである。調理の場面ごとに使用量をはかり、一日の終わりに家の中にあるものを量ることで、その日の塩・砂糖・油の使用量を正確に推定することが可能になる。調査がうまくいけば、それぞれの個人が一日に何をどのくらい食べているかを推定することができる。

食品ごとの摂取量から、エネルギーおよび栄養素の摂取量を計算するには、食品ごとのエネルギーと栄養素の含有量のデータが必要である。これを一覧にまとめたものを食品成分表という。食品成分表は国ごとにつくられるほか、南太平洋食品成分表、東南アジア食品成分表など、特定の地域の食品を対象につくられたものもある。二〇二〇年度に改訂された日本食品標準成分表（八訂）には二四七八の食品が収録されている。

ここで問題になるのは、おなじ名前の食品でも品種あるいは栽培の場所、方法によって栄養成分が異なるということである。特に葉もの野菜は、栽培される土壌によってミネラルの含有量が大きくばらつくし、動物性食品もその飼育方法・与えられる餌によって、脂肪の含有量に違いがみられる。パプアニューギニアの全ての食品を対象にした成分表は存在しないので、研究者自身がそれを作成する必要がある。その際、エネルギーや

写真4-6　日本の実験室で栄養素含有量を測定するために食品サンプルを乾燥させる

栄養素の寄与の大きな食品および既存の食品成分表にデータのない食品については、サンプルを研究室に持ち帰り、そのエネルギーと栄養素の含有量を調べる。

タリ盆地の食事調査でつかう食品成分表を作成するにあたっては、南太平洋食品成分表に加えて、大塚柳太郎さんのプロジェクトが、ギデラ、サモ・クボ、オクなどの食品を対象に作成した食品成分表(Hongo and Ohtsuka 1993)を参考にしたほか、サツマイモ、在来の葉もの野菜などはサンプルを日本の実験室に持ち帰り、エネルギーと栄養素の含有量を測定した(写真4―6)。

6　タリ盆地での食事調査

タリ盆地での食事調査は、ウェナニとヘリで一九九四年におこなった。調査を始める前に、食事調査をするイメージがわからなかったので、大塚柳太郎さんに方法についての相談をした。その回答は以下のようなものであった。

一．煮炊きをするかまどは家の外にあるので、村の真ん中からみていれば、調理を始めるタイミングはわかるものである。

二．対象者がたき火を大きくしたら、それは調理が始まるサインなので、その家にいって、調理の様子を観察しつつ、可食部の重さを全て量る。

三．慣れてくれば調査の参加者は、皮をむいたイモやバナナを並べて量りやすいようにしてくれることもある。

ナイーブだった私は、そういうことであれば私でも食事調査をすることが可能だと安心したものである。しかし、タリ盆地にいってみて、混乱した。なぜかというと、それぞれの家は排水溝に囲まれたひとつひとつのサツマイモ畑に建てられており、しかも、煮炊きは家の中でおこなわれていたからである。また、ブタや購入食品を食べることは秘匿されがちであった。今思えば、大塚柳太郎さんが調査をしたギデラの村とタリ盆地では、家の構造、調理の場所、調理の方法、食事の内容が違うはずで、ギデラの村で通用した食事調査の方法がタリ盆地で通用しないのは当然のことであった。

前述のように、タリ盆地には村というものがないので、ウェナニにある二つのサブグループ（ハメイギニエメネ）に存在した九世帯と、ヘリに存在した一二世帯を調査することにした。ウェナニでは、サブグループごとに、ヘリでは対象世帯を二つのグループに分けて、それぞれ一週間ずつの食事調査を実施した。観察時間は朝の六時から夕方の一九時までと決めて、その間は少なくとも一時間に一回、対象世帯を訪問し、何か食べ物を持ち帰りましたか、調理を始めていませんか、僕のみていないところで何か食べていませんか、などを繰り返し確認することにした。

逆の立場で考えればわかることながら、食事調査は、調査される側にとっては鬱陶しいものである。調査の最初の数日間は、子どもたちは、「またウメザキがきたー」とおもしろがってくれたものの、大人のなかには「まったく何がおもしろくて食べ物なんか量るかね」などと小言を言う人もいた。それでも、ほとんどの人は私が何度もやってくることに慣れてくれて、質問をするまえから「市場でパンをひとつ食べたよ」と報告してくれたり、調理するサツマイモを並べておいてくれたことはありがたかった。何度も食べ物を量らせてもらってごめんね、というのが口癖になっていたのか、「それが君の仕事なのだから、謝る必要はない」と言ってくれた老人にはいまでも感謝している。残念ながらひとつの世帯からは調査の途中で、もう来ないでくれといわれ、調査を中止した。仕方のないことである。

一時間に一回訪問する食事調査の方法は、それなりにうまくいったと思う（写真4―7）。通常、サツマイモの皮むきから調理が終わるまでは一時間以上かかるため、皮をむく前、皮をむいた後、加熱したあと、いずれかの段階のサツマイモを量ることが可能であった。皮をむくことによる重量減少（可食部割合の推定）、加熱による重量の変動をあらかじめ把握しておくことにより、どの段階のサツマイモの重量であっても、相互換算が可能であった。収穫から家に戻って自分たちの食べ物を調理する前に、ほとんどの人はブタを小屋にいれたり、餌を与えたりすることも好都合であった。その間に世帯を訪問することで、調理前の収穫物の重さを量ることが

写真4-7　炊いた米にインスタントヌードルと缶詰のサバの水煮をのせたものはごちそうである

できた。

恥ずかしながら、私にとって食事調査を実施する際の最大の困難は犬との戦いであった。コンビオのように村のある地域であれば、そこに長く暮らすことによって犬は私を村の人と認識する。したがって、村のなかで犬に吠えられたり、かまれたりすることはまずない。一方、タリ盆地のように、それぞれの家が排水溝で囲われたサツマイモ畑の中にあり、そこに犬が飼われているような場所では、犬は自分のなわばりであるサツマイモ畑に入る人を侵入者とみなすようである。わかりのよい犬であれば、何回かその家を訪問し、私が家の人と穏やかに話す様子をみて、そのうち私が畑に入ることを許容するようになる。しかし、なかには他人が自分のなわばりに入ることを絶対に許さない犬もいて、そのような犬のいる世帯の食事調査は大変に困難だった。

実際、ヘリのひとつの世帯に、畑に入った家族以外の人には誰かれかまわず噛みつくとても狂暴な犬がいた。畑の入り口から離れた場所に家が建っていたので、私たちがやってきたことを知らせるためには、どうしても畑に入るしかない。調査を手伝ってくれた男性とどうしたものかと相談して、イヌが私たちの訪問に気づいて走ってくるまでの時間をつかって、畑の中にある樹木に登り、そこで家の人が犬をおさえるのを待つことにした。二人で別々の木に登って犬に吠えられるのは、まったく滑稽な姿だった。その後、家の裏側に回れば畑の外から声かけができることに気づき、家人の所在を確認し、犬をおさえてもらったうえで、畑に入るようにした。それでもスキをみては、私たちに飛びかかろうとする犬のことを心から苦々しくおもっていた。

ヘリとウェナニで食事調査をした一九九四年は、長雨によってサツマイモの生産性が低下した時期であった。したがって、その解釈には長雨によるサツマイモ生産性の低下を勘案する必要がある。結果の詳細については、食事調査を実施した時期の状況をふくめて、次章で説明したい。

第5章

長雨への対応

1　天候不順に備える方法

工業化した社会においては、天候不順によるカタストロフィックな食料の不足にそなえて、そのリスクに対処するためのさまざまな仕組みが存在する。たとえば、日本では約一〇〇万トンの米が政府によって備蓄されているほか、とうもろこし等の飼料穀物も約一〇〇万トンが民間備蓄されている。先物取引制度などの金融システムも、食料の価格変動リスクを分散することで、食料の安定確保に寄与している。さらには、食料を環境条件の異なる地域から輸入すること、それを支える外交関係も、カタストロフィックな食料不足を回避するためには重要なことだろう。

生業社会においても、贈与ネットワークの維持、近隣集団とのつきあいなどが、カタストロフィックな食料不足による破滅を回避することに寄与している。主食などが不足する際に食べる「救飢食」についての知識もいろいろな社会でみられる。農耕と狩猟、採集などの生業が複合的に維持されていれば、天候不順などの影響を受けにくい野生の動物と植物への依存を増やすなどして、食料不足に対応することが可能となる。

タリ盆地には、狩猟の対象となる動物はほとんどいない。採集の対象となる植物は、きれいな水の湧くところに生えているクレソンとセリ、森に生えるキノコくらいである。斜面ゾーンでは、パンダナスの実が採集されることもあるが、それが可能なのは一年のなかでもごく限られた季節だけである。本章の結論を先にいえば、旱魃、長雨などの天候不順による食料の不足に備えて、フリの人々は、普段から必要量よりおおくのサツマイモを生産してきた。ここでいう必要量とは、人間が食べるサツマイモとブタに餌として与えるサツマイモの総量である。当然、世帯人数がおおく、ブタをたくさん飼養する世帯は必要量がおおきい。必要量よりもおおくのサツマイモを普段から生産することによって、天候不順でサツマイモの生産性が低下した場合にも、人間とブタが必要とするサツマイモを確保してきた。

穀類は収穫の時期が決まっているのに対して、根茎類は収穫時期を遅らせたり早めたりすることが可能である。収穫されずに畑に残されたサツマイモは、そのまま放置されることもあるが、たいていの場合は、畑に連れてこられたブタの餌となるようである。ブタはいつも腹をすかせているので、収穫されないサツマイモの残る畑につながれた際には、熱心にマウンドを掘り返しサツマイモを食べる。

余剰に生産されたサツマイモは、母親の家を離れて男の家に移った男の子どもにとっても重要な存在である。私は不合理だと思うけれども、母親の家を離れて男の家に移った男の子どもは、母親からサツマイモをもらうことができなくなる。男の家にはかならずしも父親が住んでいるわけではなく、住んでいたとしても父親が男の子どもの食べる毎食のサツマイモを気にかけるわけではない。父親が不在の時には、男の子どもはどこから自分の食べるサツマイモを手に入れなければならない。男の子どもだけで家（若者小屋のようなもの）に住んでいる場合には、毎食のサツマイモを自分たちで探す必要がある。たいていの場合は、大人の畑仕事や家づくりなどを手伝ってサツマイモをもらうが、どうしてもサツマイモが手に入らなかった場合には、余剰のサツマイモのある畑から隠れて収穫せざるをえない。

2　長雨のタリ盆地

一九九四年八月の末に、タリの町からウェナニに向かった時のことは、いまでもよく覚えている。タリからトラックを改造した乗合いバスに乗って砂利道を三〇分近く走り、タワンダという場所で降りた。そこには、小学校とキリスト教会そして広場があり、夕方には周囲の村々から人びとが集まってくる場所である。ほぼサツマイモだけが販売される小さな市場もたつ。タワンダからウェナニまでは、前の年の経験では、歩いて三〇分ほどでつく距離である。しかし、このときは道が田んぼのようにぬかるんで一歩ごとに足がくるぶしまで潜り込むために、一時間以上も費やしてしまった。

雨は一九九四年にはいってから多くなり、とくに七月から八月にかけては毎日のように降っているという。その日も、歩いている途中から雨が降りだした。タガリ川が氾濫し、ふだんは緑の湿地帯に水面がおおきく広がっているのがみえた。湿地帯に面したサツマイモ畑は完全に水没しており、マウンドの上部だけがかろうじて水面の上にでていた（写真5—1）。

ウェナニの村人は、「雨がつづいたためにいくつかの畑は冠水し、サツマイモの生産性が全体に低下するだろう。これから食料が不足する」と心配していた。九月には天候は回復したものの、一〇月から一二月にかけてサツマイモの生産性は目にみえて低下し、翌年の一月まで回復しなかった。水分の多い土壌でサツマイモが生

写真5-1　長雨によるタガリ川の氾濫で水につかったサツマイモ畑

育すると、根茎部に栄養分を十分にたくわえない、すなわちイモを形成しないといわれる。したがって、植え付けから一〜二カ月で多雨を経験したサツマイモで、生産性の低下はもっとも深刻になる。このときは七月から八月にかけて多雨を経験したから、一〇月から一二月の時期がもっとも影響がでるころであった。

3　作物の生産性の低下

タリ盆地の畑につくられるサツマイモのマウンドは次の二つのステージに区分することができる。ひとつめはサツマイモの蔓を植え付けてから最初の収穫までのステージである。このステージの期間は標高が高い場所にあるサツマイモの畑ほど長くなる。平均するとウェナニでは約五か月、ヘリでは六か月であった。その後、最初の収穫から最後の収穫までのステージがある。このステージの長さはさまざまであり、大きくなったサツマイモを探しながら少しずつ収穫が継続されるマウンドもあれば、最初の収穫でマウンドを壊してしまうこともある。前者は、サツマイモが不足したときによくみられ、後者はサツマイモが十分に収穫できるときの典型的なパタンである。

一九九三年の調査の時に、ウェナニとヘリにあるサツマイモ畑の全てのマウンドを数えてみた（Umezaki et al. 2000）。明確な目的があったわけではなく、正直にいえば、全部でいくつのマウンドがあるのだろうという素朴な好奇心から、あまり意味も考えずに始めた調査であった。後に、海南島で調査をしていたとき、プロジェクトのリーダーであった篠原徹さん（当時、国立歴史民俗博物館）から、高校生のときに自分の頭に生えている髪の毛を数えたという話をきいた（一四万本あったそうである）。私がマウンドを数えたのは、篠原さんが髪の毛を数えたのと似たような動機によるものだったと思う。

まず、ウェナニとヘリにつくられていたすべての畑を測量しながら、地図をつくった。測量にはコンパスと二〇メートルのナイロンロープ（細引き）をつかった。二メートル間隔で赤いカラーテープで目印をつけたナイロンロープは、草に絡まることもなく使いやすかった。コンパスは、シルバ社のミラー付きサイティングコンパスをもって行った。一万円以上したので高い出費だったが、それに見合う性能だったと思う。針がユラユラすることなく、すっと南北を指すのは、安物のコンパスには期待できないことである。現代のフィールド調査では、正確な測位ができるGPS（汎地球測位システム）および高解像度の衛星写真が使えるようになったので、畑の広さを測定する調査は簡単になった。隔世の感がある。

サツマイモが収穫される前、一回目の収穫が終わった後のそれぞれのステージごとにマウンドを数えた。この調査でおもしろかったのは、フリの男性のマウンドを数える能力が極めて高かったことである。私にとって、不規則に並ぶマウンドを数えるのは難しいことであった。どれを数えてどれを数えていないかがわからなくなる。それに対して、フリの男性は畑にあるマウンドを正確に数えることができた。正確さを確認するために、畑をいくつかに分けて、それぞれの畑にあるマウンドを数えてもらい、次は畑全体のマウンドを一度に数えて、分割して数えたマウンドの和に等しいかを確認したりした。私が時間をかけて何度も数えた結果と照合したこともある。私がパプアニューギニアで調査したコンビオの人々とフリの人々を比較すると、数えることについては、圧倒的にフリの方が上手である。

まず二か月ほどかけて、畑の測量をしながらウェナニの地図をつくりマウンドを数えた。その結果、ウェナニには二万四八〇個のマウンドにサツマイモが植え付けられていることがわかった（一九九三年九月）。植え付けから最初の収穫までのステージにあるマウンドの割合は、六五％であった。

数え終わってから思ったのは、同じ調査をもう一度繰り返せば、つくられ、収穫され、壊されるというマウンドの動態が把握できるのではないかということである。例えば、一回目の調査で、ある畑に収穫される前のマウンドが二〇〇あったとして、二か月後の調査では、一回目の収穫が終わったマウンドが二〇〇あれば、その二か月の間に二〇〇のマウンドが収穫前のステージから一回目の収穫後のステージに移行したことがわかる。ウェナニでは、一日当たりいくつのマウンドがつくられ、最初の収穫がなされ、そして壊されているのだろうか。再び、素朴な好奇心を満たすためだけに、最初の調査からおよそ二か月後に再びマウンドを数えることにした。このころは、毎日、畑でマウンドを数えていたので、子どもにはずいぶん笑われたし、教育を受けた人からは税金を徴収するのではないかと疑いをかけられたりもした。一方で、ウェナニとヘリのテリトリーを歩きまわったので、どこに誰の畑があり、そこにはどのようなステージのサツマイモが栽培され、噛みつく犬はどこにいて、どの一本橋がもうすぐ折れそうだなど、ウェナニとヘリについての基本的な知識はずいぶん増えたと思う。一九九三年一一月の時点で、ウェナニには二万一五四四個のマウンドがあり、そのうち植え付けから最初の収穫までのステージにあるものは六六％であった。一九九三年九月からの二か月で、ウェナニでは新たに七七一個のマウンドがつくられ、七七一個のマウンドから最初の収穫がなされたことがわかった。

長雨の影響を受けた一九九四年の調査でも、このマウンド調査をやってみることにした。一九九三年のデータと比較することで、長雨がサツマイモの耕作サイクルに与えた影響を評価できるのではないかと考えたからである。サツマイモの収穫が順調であった一九九三年の九月から一一月にかけては、ウェナニの畑では一ヘクタールあたり一日に二・九個のマウンドからはじめての収穫がなされた。それに対して、一九九四年にはその一・六倍にあたる四・七個のマウンドからはじめての収穫がなされていた。一九九三年と一九九四年に同じ量のサツマイモが収穫されていたとすれば、一九九四年にはマウンドあたりの生産性が、一九九三年に比べて六〇％に低下していたことになる。また、壊されたマウンド数、新しくつくられたマウンド数ともに、一九九四年のほうが多く、一回目のマウンドからの収穫量が減少した不足分を、マウンドを壊して収穫することで補い、新たにサツマイモを植え付けていた様子がうかがわれる。言い換えれば、耕作サイクルを速くすることによって生産性の低下に対応していたと推測された。

一方、ヘリでは天候不順の影響を受けた一九九四年に、平均して一ヘクタールあたりに五・〇のマウンドから初回の収穫が行われ、一・九のマウンドが最後の収穫とともに壊され、三・五のマウンドが新しくつくられた。このときは、初回の収穫が行われたマウンドから十分な量が得られなかったために、人びとはマウンドから二回目以降の収穫のサツマイモを探すしかなかった。ヘリでは一九九三年に調査をしていないので、一九九四年にサツマイモの生産性がどのくらい低下していたのかはわからないが、一〇月から一二月にかけて収穫前のマウンドが減少しており、ヘリにおいてもウェナニと同程度かそれ以上、畑の生産性が低下していたと考えられる。また、収穫前のマウンドが大きく減少したことは耕作サイクルが影響をうけたことの反映であり、その回復には時間がかかることから、問題はウェナニより深刻だったといえよう。

4　食生活にみられた影響

畑の単位面積あたりの生産性が低下する状況にあって、人びとの食生活はどのような影響を受けたのであろうか。畑の生産性がもっとも低下していたと考えられる一九九四年の九月から一一月にかけて食事調査を実施した（Umezaki et al. 1999）。対象は、当時ヘリに居住していた一二世帯のすべてと、ウェナニの二つのサブグループに属する九世帯とした。調査初日の早朝に対象世帯が所持していたすべての食物を秤量し、さらに、それから一週間、世帯にもち込まれたかもち出された食物をすべて秤量した。観察を行った午前六時から午後七時以外の時間に摂取された食物と、家の外で摂取された食物については聞き取りによってその種類と重さを推定した。対象世帯の全員が家に帰らなかった前後の日は分析から除いたために、最終的にはヘリにおいては七九世帯・日、ウェナニにおいては五七世帯・日のデータが得られた。

エネルギー摂取量が多すぎるか、不足しているかを判断するためには、それぞれの個人が日常生活でどのくらいのエネルギーを必要としているかを考えなければならない。日常生活で必要なエネルギーの個人差に影響するのは、基礎代謝量と身体活動量である。基礎代謝量とは、私たちが安静な状態で消費するエネルギーのことであり、体格や年齢によって変動する。たとえば、筋肉がおおく代謝が活発な若者は基礎代謝量が大きい傾向にある。基礎代謝量は年齢とともに減少することが知られており、若い頃とそれほど変わらない食生活と身体活動でも、中年になると人は太りやすくなる。

一方、身体活動量の個人差は、基礎代謝量の個人差よりもはるかに大きい。朝から晩まで激しい労働に従事する個人の身体活動量は大きく、一日中ゴロゴロしている個人の身体活動量は小さい。ウェナニとヘリの成人は、女性は一日当たり平均四・五時間、男性は平均二・八時間ほどを、サツマイモ耕作、ブタの世話、排水溝のメンテナンスなどの仕事に従事していた。体重五七・七キロ（ウェナニとヘリの成人男性の平均体重）の個人を想定すると、一日あたり二八〇〇から三二〇〇キロカロリーのエネルギーを消費していると推定される。

食事調査の結果を、必要とされるエネルギー量と比較すると、意外なことにウェナニの人々はどの世帯もおおむね必要なエネルギーを摂取していた。対照的にヘリではエネルギー消費量の半分ほどしか摂取できていない世帯が全体の半分を超えていた。数字で説明すると実感が薄れてしまうかもしれないが、このときのヘリの人びとが直面した状況は深刻であった。私は事前にヘリの畑の状況をすべてチェックしていたため、そこにサツマイモがほとんど残っていないことは予測していたが、彼らはふだんブタの餌にするような小さなサツマイモを探し、シダやイチジクの葉を採集して食べていた。一九九四年七月から一〇月にかけてヘリの成人は体重を平均六・五％減少させた。

ウェナニでもサツマイモの生産性が低下していたのは間違いないと思う。人々から「サツマイモが足りない」

写真5-2　長雨でタガリ川が氾濫すると魚が湿地帯の排水路にあがってくるので、それを網をつかってつかまえる

という声はよくきいたし、ふだんは食べないような小さなイモやイチジクの仲間（ポゲ）の葉と実が食事調査では頻繁に登場した。タガリ川の氾濫により湿地帯に近いサツマイモ畑が水没したことで、政府や教会からの援助物資（小麦粉と植物油）が配布された（写真5―2）。

それにしても、長雨にともなうサツマイモの生産性低下に対して、ウェナニの人々がなんとか対応できたのに対して、ヘリの人々が飢餓ともいえる状況に陥ったのは驚きであった。一九九三年のようにサツマイモの生産性が普段通りの時期には、ウェナニとヘリの食生活に大きな違いはみられなかった。

5 ウェナニとヘリの生存条件のちがい

給料を稼ぐ個人がおおく、稼がない個人が少ない世帯の経営は容易である。逆に、給料を稼ぐ個人が少なく、稼がない個人が多い世帯の経営は困難である。生業社会においても、世帯の食料を生産する力と食料を消費する力のバランスは、その世帯メンバーの生存に大きな影響を及ぼす。たとえば、結婚したばかりの男女二人で構成される世帯は、働き手が二人で、扶養する人がゼロなので、相対的に食料生産力に余力があるだろう。一方で、たとえば、母親ひとりで五人の子どもをそだてる世帯は、ひとりの働き手が六人分の食料を生産しなければならないため、相対的に食料生産力の余力が少ない。ウェナニとヘリの生態学的な状況の違いを検討するため、このような世帯構造の違いを比較することにした。

生態人類学の分野では、生産単位および消費単位という概念が使われる。生産単位とは、成人男性の平均的な食料生産力を一として、それぞれの個人の食料生産力を相対値としてあらわすものである。一方、消費単位は、成人男性の平均的な食料エネルギー消費量を一として、それぞれの個人の食料エネルギー消費量を相対値としてあらわす。個人ごとに食料生産力および食料エネルギー摂取量は異なるものであるが、便宜的に性別と年齢階級別に一定の値を仮定して、世帯の生産単位と消費単位を計算し、その比を求めることもおおい。

ヘリとウェナニの世帯を対象に、世帯ごとの消費単位を生産単位で割った値を計算したところ、ヘリの指標はウェナニの一・五倍であった。すなわち、生産人口一人あたりの消費人口がヘリではウェナニの一・五倍であったことを意味している。ところが、一世帯あたりの畑の面積は、ヘリとウェナニでほぼ同じであり、一消費単位あたりに換算するとヘリの畑の面積はウェナニの六六％にすぎない。サツマイモの生産量のちがいは、飼育するブタの数にも反映されている。一つの世帯が飼育するブタの数は、ヘリではウェナニの半分であった。

一九七〇年代の終わりころの推定では、ヘリが位置するパイジャカ台地とウェナニが位置するハイブガ湿地におけるサツマイモの単位面積あたりの生産性は、それぞれ一ヘクタールあたり五・一トン、一三・八トンであり、両者に二倍以上のちがいがみられている。この生産性のちがいは、一九九〇年代にはいって拡大することはあっても縮小したとは考えにくい。ウェナニにおける土地生産性を少なく見積もってヘリの二倍とすると、消費単位あたりの畑面積がウェナニのわずか六六％しかなかったヘリでは、消費単位当たりのサツマイモの生産量がウェナニの三〇％しかなかったことになる。

私の試算によると、ヘリにおいて天候が順調なときに生産される食物エネルギーの総量は、人びとが食べる量とブタに餌として与える量の合計をわずかに上回る程度である。それに対して、ウェナニで生産される食物エネルギーは、人びとが食べる量とブタに餌として与える量の約二倍に達する。この計算でいくと、ウェナニでは畑の生産性が半分に低下した場合でも必要量を満たすことが可能なのに対し、ヘリではわずかな生産性の低下でも人びとは食料不足に直面する。要するに、ふだんの余剰生産量の相違が天候不順に対する対応力の相違としてあらわれたと理解できるのである。

畑のモニタリング調査のデータを紹介したときに述べたように、ウェナニでは一九九四年の天候不順時には耕作サイクルを速くすることによって生産量を維持していた。これは、天候が順調なときには収穫できるマウンドをそのまま放置していたことを示唆している。天候が順調なときに、畑に収穫されないサツマイモが放置されることはウェナニではしばしば観察されることである。また、余剰気味のサツマイモは市場で売ることによって、人びとの現金収入源ともなっていた。この余剰生産量こそが、天候不順に対する対応力を生みだしたわけであり、しばしば天候不順が発生するタリ盆地において、人びとが持続的に生存していくための不可欠な条件であるといえるであろう。

ここで不思議なのは、ヘリにおいて消費単位当たりのサツマイモの生産量がなぜ低かったのかということである。何らかの原因で低下してきたのか、それとも以前から低かったのかである。それは、ウェナニはなぜサツマイモの余剰生産を維持できているのか、と言い換えることもできる。ヘリとウェナニにおける生態学的な変化から検討してみよう。

6 近年のフリ社会の変化

1……土地利用の変化

図5—1と図5—2は、一九七八年と一九九五年における二つのハメイギニの土地利用図である（Umezaki et al. 2000）。土地は、極相林、湿地、耕作中の畑、休耕中の畑の四つに区分した。一九七八年の土地利用図の復元にあたっては、九五〇〇〇分の一スケールのカラー航空写真（南部高地州開発プロジェクトの基礎資料として撮影され

たもの）を利用した。縮尺が九五〇〇分の一ということは、三〇メートル四方の畑が写真では三ミリメートル四方に、直径三メートルのサツマイモのマウンドが約〇・三ミリメートルの大きさでみえることを意味している。したがって、この航空写真から畑につくられているマウンドを識別することが可能であり、また色のちがいによってサツマイモが生育する畑と休耕中の畑、あるいは休耕中の畑と極相林を区別することができた。これらの土地利用図をスキャンして、分類項目ごとの面積を一九七八年と一九九五年のそれぞれについて推定した。

ヘリにおいては一九七八年の時点で、すでに極相林がほとんど存在しない。わずかに残る場所は、人びとが社会文化的な理由から意識的に保全している森と、斜度が三〇度を超えるような急斜面だけであった。したが

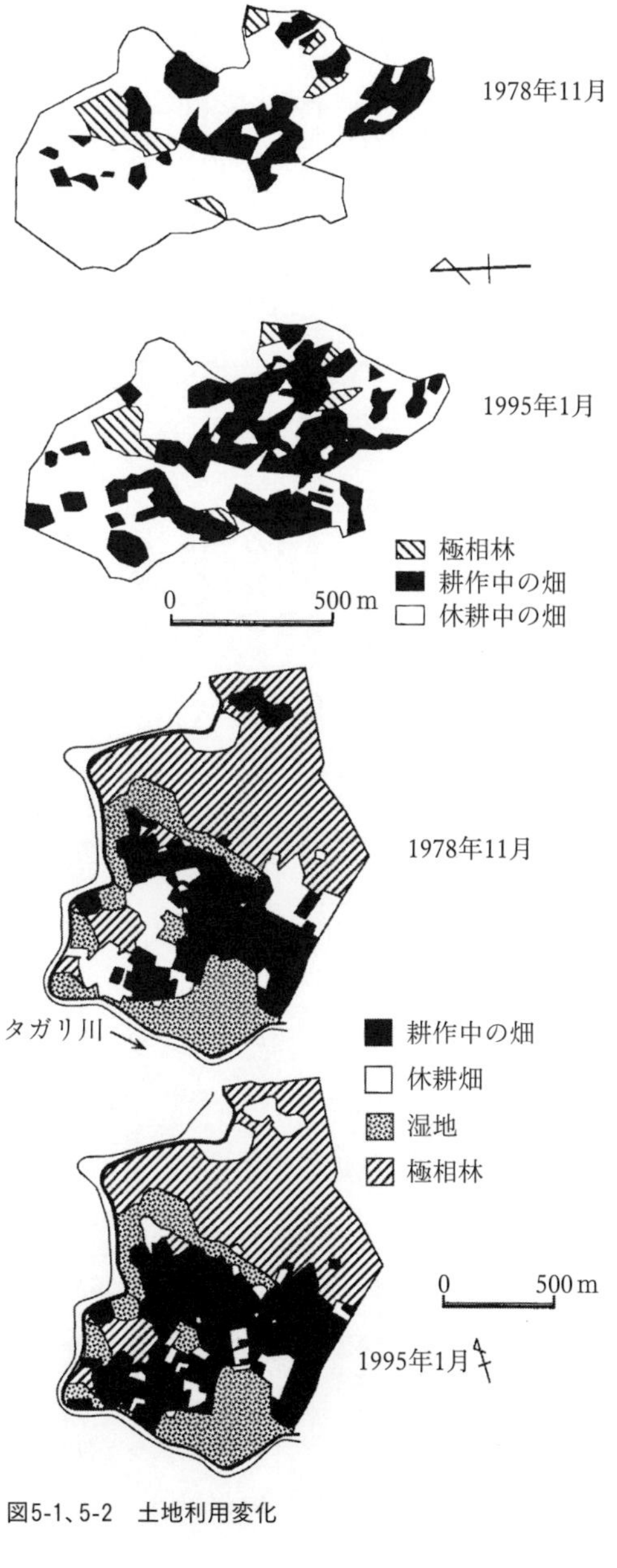

図5-1、5-2　土地利用変化

って、一九七八年から一九九五年にかけての耕作地の拡大は、休耕地を減少させることによって達成されたものである。耕作地と休耕地の比は、一九七八年の一対三・二から一九九五年の一対一・二へと大きく低下している。耕作地と休耕地の比が、耕作期間と休耕期間の比に等しいと仮定すれば、ヘリでは一九七八年から一九九五年にかけて休耕期間が約三分の一に短縮したことになる。

一方、ウェナニでは、北東部に広がる石灰岩の山地が全体のおよそ半分の面積を占めている。畑はタガリ川に囲まれた湿地につくられているが、一九七八年から一九九五年にかけて、この湿地の一・六ヘクタールが畑に変えられていた。これは、拡大した耕作地面積のわずか二〇％にすぎない。残る八〇％の畑は休耕中の二次林を開くことでつくられた。ただし、ヘリと決定的に異なるのは、ウェナニではサツマイモが休耕期間をおかずに連続的に栽培できる点である。

ウェナニのほとんどの休耕地は、以前に耕作していた世帯の移住などの理由で放置されていたものであり、ヘリの休耕地とはその位置づけが異なっている。したがって、ヘリのように耕作地を拡大するために休耕期間を短縮する必要がない。言い換えれば、土壌の肥沃さを低下させることなく耕作地を拡大できたといえる。

このような土地利用の変化は、人口の増加と関連づけて考える必要がある。前にも述べたように、ヘリとウェナニのいずれにおいても、一九七〇年代後半から一九九〇年代にかけての人口増加率はほとんど変わらない、むしろウェナニにおいて高いくらいであった。それにもかかわらず、耕作地は必ずしも人口と比例して拡大してきたわけではない。一九七八年の耕作面積を一〇〇とした場合、一九九五年における耕作面積はヘリで一九〇、ウェナニで一二〇になる。一九七八年の人口を一〇〇とすれば、一九九五年にはヘリでおよそ一五〇、ウェナニはそれより少し高いくらいであろう。人口と耕地面積が対応していたとすれば、一九八〇年からの一五年間で、一人あたりの耕作面積はヘリでは一三〇%に増加したのに対して、ウェナニでは八〇%以下に減少したことになる。この推定から、ヘリでは一人あたり耕地面積が増える傾向にあり、ウェナニでは減る傾向にあったのはまちがいないであろう。

2……土地生産性の変化

フリの場合、ある個人あるいは世帯にとっての食物の必要量は、個人あるいは全世帯員の必要量だけでなく、ブタに与える餌の量でも決定される。一人あたりの耕作面積が変化した原因としてまず考えられるのは、土地生産性それ自体が変化した可能性である。過耕作の影響で土地生産性が低下した場合、耕作地を拡大しなければそれまでの食料生産を維持できないし、逆に農耕の集約化によって土地生産性を増加させれば耕作地を縮小することが可能になる。一方、個人が必要とする食料の必要量そのものが変化した可能性も考えられる。たとえば、人びとが現金収入を得て購入食品を摂取することになれば、それだけ畑作物への依存度が低下する。もう一つ重要なことは、ブタの飼育数の増減によって、必要とされる畑作物の量が変化することである。

ヘリにおいては、この二〇年弱の間に休耕期間が極端に短縮し、一人あたりの耕作面積が増加した可能性が高いことはすでに述べた。この変化から予測されることは、土地生産性の低下である。少なくとも現在、ヘリには彼らが畑を開くのに「望ましい」と考える二次林は皆無になっている。休耕期間を短縮したのは、そうしないと畑が不足したからである。しかし、短い休耕期間で開いた畑の生産性は二次林を開いた畑に比べて低い。生産性の低下は、よりたくさんの畑を開くことで補えるものの、生産される食物エネルギーは、人びとの必要量とウェナニの半数のブタを養うための必要量に対し、ぎりぎりのレベルになっている。一方のウェナニにおいては、連続的に長期間使用しても畑の生産性はほとんど低下しない。彼ら自身も、自分たちの問題は土地生産性の低下ではなく、土地争いによって畑をつくる場所が制限されていることだという。

3……畑作物の必要量の変化

一九七〇年代にはじまった換金作物の導入などによる近代化の過程で、米あるいはサバ缶などの購入食品が少しずつ受容されてきた。購入食品の受容が増えれば、それだけサツマイモへの依存度が低下することになる。フリを対象に行われた食事調査でもっとも古いのは、パウウェルとハリソンが一九七〇年から一九七五年にハイブガ湿地（ウェナニが位置している）で行ったものである（Powell and Harrison 1982）。つぎの食事調査は二〇年後の一九九三年に、口蔵幸雄さんが同じくハイブガ湿地で行ったもので（Kuchikura 1999）、さらにその翌年に私がヘリとウェナニで食事調査を行った（Umezaki et al. 1999）。これらのデータを比較すると、購入食品からのエネルギー摂取量が総エネルギー摂取量に占める割合は、一九七〇年代の調査では皆無に近かったものが、一九九〇年代には二〇%を超えるまでに増加したことがわかる。この比較はハイブガ湿地で行われた調査に基づいているが、購入食品の摂取量が増加傾向にあることはヘリでも同様である。

ブタの飼育数についても、一九七〇年代の末に調査したウッド（Wood 1985）のデータと、一九九四年に収集した筆者のデータを比較することができる。それによると、一人あたりのブタの数が最近の二〇年近くの間におよそ半減している。ブタの数が減少した理由にはさまざまなことが考えられる。そもそも、土地不足などの環境条件の制約によってブタを多く飼育するのがむずかしくなったのかもしれない。いずれにしても、ブタの飼育数が減少したことは、サツマイモをはじめとする畑作物の必要量そのものが減少したことを意味している。

4……土地所有概念の変化

「あなたの土地はどのハメイギニに存在するのか」という訊き方をした場合、フリの人びとは、あそこにもこっちにもあって数え切れない、という答えをすることが多い。ところが、それぞれの場所に出かけていって実際に確かめてみると、その人が自分の土地だという場所は、その人の兄弟姉妹が耕作している畑であったり、ハメイギニ全体として所有されている二次林だったりすることが多い。私なりの整理をすれば、人びとが「自分の土地」と考えているのは、(ア) 自分が帰属するハメイギニが所有する場所、(イ) 先祖が実際に畑として使用していた場所、(ウ) 自分の親が使用している畑、(エ) 自分が使用している畑の四つのタイプにわかれる。このうち、(ア) のタイプはハメイギニあるいはそのサブグループの管理下におかれているために、個人の意思だけで畑を開墾することはできない。(イ) のタイプも、すでにほかの親族によって使用されている場合が多く、そうでないとしても複数の親族が同じように自分の土地と考えているのがふつうである。

耕作可能地の面積に対して、人口が相対的に少なかったころには、(ウ) や (エ) のタイプの畑だけでは不十分になると、人びとは (ア) や (イ) のタイプの場所に新しい畑を求めることができたであろう。(イ) のタイプで誰にもつかわれていない場所をみつけるのはむずかしくなかったはずだし、(ア) のタイプの場所をハメイギニあるいはそのサブグループの全員で協力して開くことは、日常的な営みのひとつであったにちがいない。と

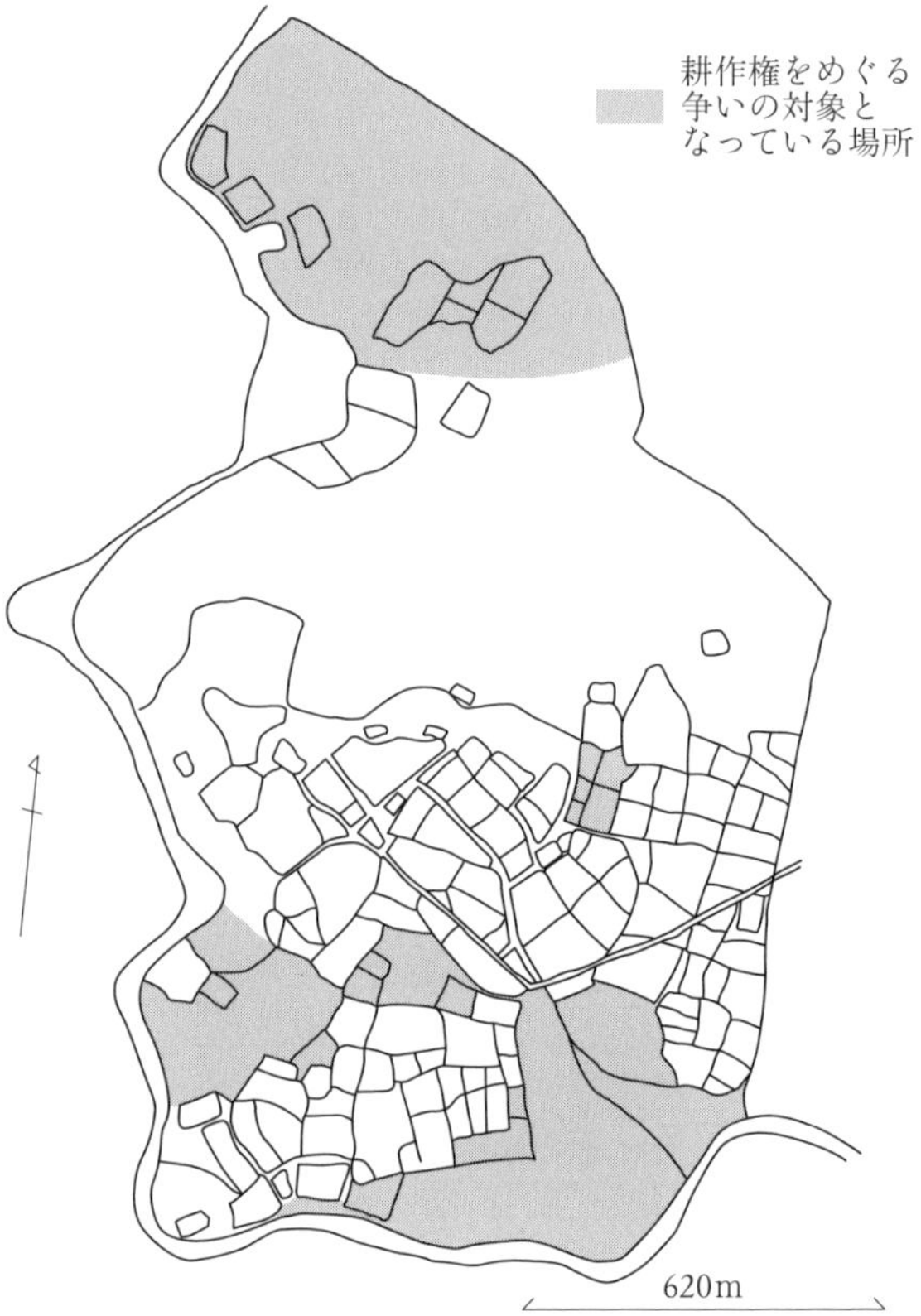

図5-3　耕作権をめぐる争いの対象

ころが、人口が増加してくると、耕作可能な（ア）のタイプの場所が減少し、（イ）のタイプの場所をめぐる親族同士の軋轢が増してくる。

一九九三年から一九九五年にかけての調査時に、ウェナニでは、（ア）のタイプの大部分の土地を対象に畑として使用する権利をめぐる裁判が行われており、（イ）のタイプの土地でもその使用権をめぐって親族同士が対立している場所が少なくなかった（図5—3）。そのなかには、一〇年以上前から継続しているものも多かった。裁判で使用権が争われているあいだは、その畑あるいはその地域そのものへ立ち入りが禁止される。人びとが使用権を巡って争うのは、その場所が畑をつくるのに適していることが重要なポイントで、生態学的に価値の高い場所ほど社会的規制によって利用できない状態におかれていた。

ウェナニにおける土地争いの事例をひとつ紹介しよう。この争いの発端は、（ア）のタイプの森林に生えていた一本の木であった。ある日、カヌーをつくるためにこの木を切り倒したAグループの男に、Bグループの男が文句をいった。この話し合いがこじれて互い感情的になり、この森林はそもそもどのグループのものかという話になった。家系図を再構築して互いの言い分をきいてみると、AとBの二つのグループは八世代前までさかのぼると一つになる（と考えられている）ことがわかった。もともとBグループの先祖はタガリ川の対岸に住んでいたようで、今から三世代前にウェナニに移り住んだという。そのころは、おそらく土地は十分にあって、Bグループはもとをたどればウェナニの成員であるということで、Aグループも一緒に住むことをみとめたようである。その後、二つのグループはウェナニのサブグループとして共存してきたが、カヌー事件をきっかけに、そもそも誰がはじめに畑をつくったかが蒸しかえされたわけである。二つのグループの先祖が協力して畑を開いたわけだから決着するはずもないのだが、裁判が膠着するにつれて、Bグループは畑をはじめて開いたのは自分たちの先祖で、ウェナニ以外のメンバーであったと主張しはじめたから、話し合いは泥沼化している。

前に述べたように、フリのシステムではそれぞれの個人は多くのハメイギニに帰属意識をもっている。したがって、人びとが規範に基づいて土地の所有権を主張すればするほど、問題の解決がむずかしくなる。ウェナニでは生態学的に価値のある土地のほとんどがこのような泥沼裁判の対象になっているが、この背景には、人口が増加し土地が不足してきたことが関係している。

パプアニューギニアでは、血縁集団による土地の所有が認められており、個人には土地を使用する権利のみが認められている。そして、ある血縁集団の人口が異常に増加した場合には、ほかの血縁集団との「土地の貸し借り」などによって柔軟に対応するのがふつうである。その点、フリの土地所有システムは、変化に対する優れた柔軟さをもっていたはずで、人びとの記憶にある限りの「ツテ」をたどって、父方・母方いずれの血縁集団においても土地を利用することができた。しかしながら、このシステムが柔軟性を発揮できるのは、フリ全体としての人口が耕作可能地に対して十分に小さい場合に限られ、人口が増加すると「肥沃な土地ほど裁判の対象になって使用できない」という、深刻な問題をうみだすことになる。フリの人びとが今後このような状況にどう対処していくのかは、彼らにとって死活問題になろう。

一方のヘリにおいては、社会文化的理由で保全されている（ア）のタイプの森林を除けば、耕作可能な極相林はほとんど存在しないが、（イ）のタイプの土地は比較的多く残っている。問題は、ヘリにおける（イ）のタイプの土地は十分な収穫が期待できないものばかりで、生態学的にみて魅力がないことであろう。当然、裁判の対象になっている場所はない。

7 なぜ「飢えた」か、なぜ「飢えなかった」のか

ヘリとウェナニにおいてはっきりと異なっていたのは、ふだんの食料生産の余剰量であった。ウェナニにおける一人あたりの食料生産量はヘリの三倍以上と推定された。ヘリの生産レベルでは、天候が順調なときでもウェナニの半数のブタを飼育するのが精一杯で、天候不順で食料生産性が低下すると、たちまち生産量が必要量を下回ってしまったと考えられる。対照的に、ウェナニではふだんの生産量が必要量を大きく上回るために、天候不順によって食料生産が低下しても必要量を下回らなかったといえよう。

ヘリにおいてこのような状況が生みだされた背景としては、以下の三つが考えられる。第一は、人口増加によって耕作地を拡大する際に土壌劣化が進行したことである。第二は、単位面積あたりの生産性低下によってさらに耕作地を拡大する必要にせまられたことである。そして、第三は、その結果さらに土壌劣化が進行したことである。飼育するブタの減少と購入食品の利用による畑作物への依存度の低下も、この悪循環を止めることはできなかったようである。もっとも、ウェナニにおいてはヘリのような悪循環に陥ることはなかったものの、耕作可能な土地の多くが社会的な理由で使用できない状態にあることは深刻であり、さらなる人口増加はウェナニにおいても絶対的な土地不足をまねくおそれがある。

第6章

部族内戦争

1　警察権と司法権に優先する平和維持システム

この章では、フリの部族内戦争についてとりあげたい。現在では、タリ盆地における争いの場面でも警察権および司法権が行使される場面があるものの、圧倒的に優先するのは部族内戦争の論理である。実は、個人と個人、あるいは集団と集団の争いのうちかなりの数が法廷にもちこまれる。しかし、判決に不満をもつ側からの武力行使は一般的であり、そのような個人を警察が逮捕できることはほとんどない。このように説明すると、タリ盆地が全くの無法地帯のように思われるかもしれないが、それぞれの部族内戦争には理屈があり、逆説的ではあるが、部族内戦争はフリの平和維持機能を担っていたともいえる。道路交通法違反を厳しく取り締まる警察が、部族内戦争には積極的にかかわろうとしないのは象徴的である。

ハメイギニのなかには、「エメネ」と呼ばれる分集団が認識されている。ウェナニを例にとれば、ハロバ、マディジャ、ヒルアという三つの分集団がこのエメネに相当する。エメネは、ほとんどの場合、ハメイギニの父系始祖の子どもあるいは孫の名前であり、ハメイギニのなかのある土地領域の地名としても使われている。ハメイギニの成員のうち、父系だけをたどって始祖まで到達できる成員をテネ（たとえば、父親の父親の父親の……父親が始祖）、途中で母系をはさむ成員をジャムニ（たとえば、父親の母親の父親の……父親が始祖）と呼ぶ。テネは、私などに対しては、自分こそがハメイギニの正当なメンバーであるということを主張するが、実際の場面をみ

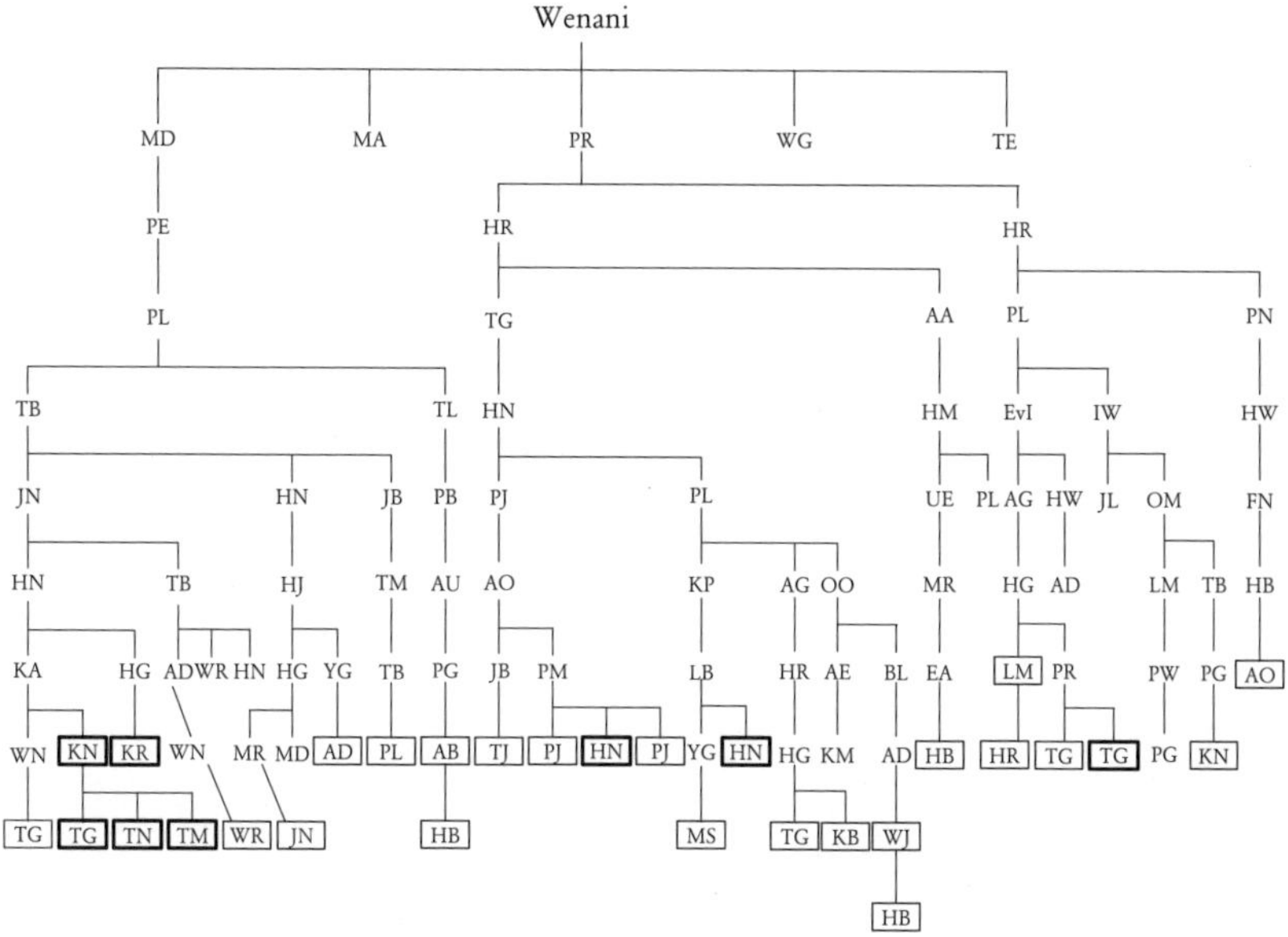

図6-1　ウェナニの家系図

るかぎり、テネがジャムニよりも強い権力や決定権を有するというわけではなさそうである。

図6—1は、ウェナニを構成する全員のテネ（未成年は除く）の家系図である。四角で囲まれたのが調査時点で生きていた成員、そのなかでウェナニに家のある成員は太線の四角で囲まれている。この図によれば、ウェナニには五人の息子がおり、マディジャ（MD）は長男、ハロバとヒルアの父親であるペラ（PR）が三男である。調査時点で生存していたテネは二九人おり、そのうち、ウェナニに家をもっていたのは八人であった。ウェナニにいる三八世帯のうち、世帯主がテネの世帯は一〇（一夫多妻制なので一人のテネが複数の世帯主となっている）、ジャムニの世帯が二八であった。後に説明するように、この家系図は生物学的な系譜を正確にあらわすものではなく、土地をめぐる争いの場面などで人々によって議論され同意された先祖の系譜関係を示すものである。個人あるいはエメネご

とに、それぞれの利害を反映した異なる家系図が主張されることもおおいので、そのなかでも比較的多くの人が同意する家系図のひとつと考えていただきたい。

2　「争い」の単位

それぞれのハメイギニあるいはエメネが認識するこの家系図は、タリ盆地における「争い」をめぐる個人の具体的な対応に大きな意味をもっている。なぜかというと、個人と個人の争いは、それぞれの所属するエメネとエメネあるいはハメイギニとハメイギニの争いにエスカレートすることがおおいからである。家系図のどこで誰とつながっているかは、ハメイギニのなかでの争い（エメネとエメネの争い）で重要であり、どこのハメイギニの家系図に名前があるか、いいかえればどのハメイギニのメンバーと認識されているかはハメイギニとハメイギニの争いにおいて重要となる。

争いの原因となりやすいのは、土地をめぐる争い、不倫の疑惑、ブタ泥棒の疑惑であるが、もっと些細なこと、たとえば小さな口喧嘩などもきっかけになりうる。一九九四年のマディジャとハロバ＋ヒルアの「争い」は、ある畑の耕作権をめぐる諍いがきっかけであった。この畑は一〇年ほど休耕されていたもので、争いの一〇年前までは、マディジャとハロバの世帯が共同でつかっていたのだという。「争い」の経過を時系列に沿って示すと以下のようになる。

一．一〇年ぶりにハロバの世帯が草刈りをして、サツマイモを植え付けようとしたところ、マディジャの世帯が、そこは自分たちの畑だと主張した。

二．その時に、「前のように共同で使いましょう」と提案すれば回避されたはずの「争い」は、マディジャが強硬姿勢を示し、マディジャの潜在的な構成員をタリ盆地の全域から招集し、その人々が寝泊まりする男の家を準備したことで、本格的な「争い」となった。

三．前の年には、マディジャ＋ハロバと争っていたヒルアは、今度はハロバの味方をしてマディジャと争うことにした。ハロバ＋ヒルア側も、そのふたつのエメネの潜在的な構成員を招集し、その男たちが寝泊まりする家を準備した。

こうなると、マディジャ、ハロバ＋ヒルア双方ともに臨戦態勢となり、いつ相手に襲われるかわからないので、自分のテリトリー外には出ることができなくなる。この「争い」のときは、双方が自分のテリトリーに待機したまま二か月ほどにらみ合い、うやむやのままに「争い」はおわった。当該の畑は耕作されずに放棄された（写真6―1）。

マディジャ＋ハロバが、ヒルアと争っていた時、私の居候先はマディジャのなかにあった。その時は、マディジャとハロバのテリトリーであれば自由に歩き回ることができたが、ヒルアのテリトリーには入ることができなかった。一方、マディジャがハロバ＋ヒルアと争っていた時期は、居候先がハロバにあったので、マディジャのテリトリーには入るのが難しかった。私はウェナニのメンバーではないので、本来は中立な立場にあり部族内戦争に巻き込まれることはない。それでも、マディジャに居候するときはどうしてもマディジャのメン

写真6-1　戦争から自分のハメイギニに帰る途中の男性（田所聖志撮影）

バーとの付き合いが多くなるので、その敵対するエメネのメンバーとはどうしても疎遠になった。

人々が「争い」で負けないために重要なことは、敵対する集団より多くのサポーターを集めることである。ふだんから婚資を拠出し、知人の「争い」をサポートすることによって、自分の「争い」にも多くのサポートが期待できる。逆にいえば、ふだんから婚資の拠出や「争い」のサポートをしない人は、自分の「争い」でもサポートを得ることができず、その争いには負けてしまう。私のような居候は、婚資もだしたことも、「争い」のサポートをしたこともないため、フリで何らかの「争い」に巻き込まれた場合、誰もサポートしてくれないだろう。「争い」を引き起こす資格はなく、基本的にはおとなしく日々をおくるしかない。

タリ盆地でみると、このような「争い」が

写真6-2　フリの男性の正装。戦争で敵の弓矢に当たりにくいといわれる

日常的にあちこちで発生していた。「争い」がおこると、全てのフリの男は、「争い」の当事者と自分とのかかわり、すなわち、家系図上のつながりとこれまでのかかわり、すなわち親族への婚資拠出、親族の争いで味方をしてもらった実績などを検討する。いかなるかかわりもないと判断すれば、そしてそのことに「争い」の当事者も同意するだろうと判断すれば、当面は中立の立場をとることが許される。しかし「争い」の現場の近隣に住む個人は「争い」の当事者と何らかのかかわりがあるのが普通であり、中立が許されることはまれである。「争い」の当事者の一方と「かかわり」があれば、「かかわり」のある集団をサポートするために「争い」の現場にかけつける。

現場にかけつけることは身の安全のためにも必要である。なぜならば、ある個人が一方の集団と強い「かかわり」をもつ以上、もう一方の集団からは自動的に敵とみなされることになり、ひとりで歩いている時などに襲撃される可能性があるからである。「争い」の現場にかけつけたことをきっかけに、そのハメイギニに家をつくり住

写真6-3　石蒸し料理のために解体されるブタ

み始める場合もおおい。なお、ひとりで歩いている人を襲撃する際には、幅の広い竹の鏃のついた射程の短い矢をつかう。広場で離れて戦う時につかわれる細長い鏃のついた矢では殺傷能力が不十分なのだという。

争いの当事者の両方と「かかわり」があれば、その軽重を過去の経緯、今後の展開を考慮しながら秤にかけ、どちらかのサポートをするか、もしくは「争い」の現場から遠く離れたハメイギニ、あるいはポートモレスビーなどタリ盆地の外へと避難する。こうして、さまざまな「争い」が起こるたびに、その当事者がだれであるかによって、昨日の敵が今日の友、そして昨日の友が今日の敵となる。ふだん市場で談笑する仲間は、自分たちとは関係のない場面でおこった争いのために弓矢で戦う敵となりうるのである（写真6―2）。

このような「争い」の論理が、隣接する言語グループとの争いにも適用されると、「争い」の収拾は困

写真6-4　争いの手打ちの際に石蒸しで調理されるブタ

難になる（写真6―3、6―4）。タリ盆地から北側に山を隔てた地域にポゲラという金鉱山があり、そこにはイピリという言語を話す人々が住んでいる。一九九五年に起こったフリとイピリの「争い」の顛末は以下の通りである。

一．金鉱山で働いていたフリがイピリに殺された。

二．殺されたフリは、アガナ（フリのハメイギニ）に帰属していたため、アガナの男たちは、タリ盆地にいたイピリの男を殺した。この時に殺されたイピリの男は、ポゲラ金山でそのようなトラブルがあったとは知らずに、タリ盆地の市場でフリの友人と談笑していたところを狙われたそうである。男は後ろから首をブッシュナイフで切られた。

三．たまたま殺された男の隣に座っていたフリの男（ハメイギニはハウ）が血をあびて、シヨック死した。

四．この事件を受けて、今度は、ポゲラでイピリがフリの男（ハメイギニはフィーナギア）を殺した。

この一連の事件において、イピリの人々はフリ全体を敵とみなし、自分たちのテリトリーにいるフリを殺した。しかし一方で、タリ盆地でショック死したフリ（ハメイギニはハウ）の男と、最後にポゲラで殺されたフリ（ハメイギニはフィーナギア）の男は、アガナの男がイピリと起こしたトラブルの犠牲になったものである。そこで、ハウとフィーナギアは、アガナに補償を求め、敵対することになった。フリとイピリという言語の異なる集団の「争い」が、アガナとハウ／フィーナギアという同じフリ言語グループのなかのハメイギニ間の「争い」を生みだしたのである。この「争い」は泥沼化し、二〇〇五年に調査をしたときにも続いていた。

3 「争い」と「集団」の論理

言語グループの下位集団として村落があり、その村落が生存の単位として機能しているというパプアニューギニア低地にみられるようなモデルは、フリを含む高地社会にはあてはまらない。ハメイギニは、絶え間なくおこる社会的な出来事に対する個人と個人の距離によって、その構成員さえ入れ替わる流動的な「集団」であり、その成員は、その時々の「争い」をめぐる個人の意志決定の結果として刹那的に集まったものとみることができる。一方、ハメイギニの流動性によって、言語グループ内の人と情報の流れは活発になり、フリは時にひとつの単位としてふるまうこともおおい。一九五〇年代から始まったインフラ整備によってタリ盆地のなかでの移動が容易になり、人びとの日常的な移動と接触の機会が増加したことも、この傾向に拍車をかけただろう。

タリ盆地で起こる「争い」は、ポートモレスビーなど都市へ移住した人々にとって、長年の深刻な問題だった。自分たちが暮らす空間から遠く離れたタリ盆地で起こった「争い」に常に注意を払い、村落から訪ねてきた知人が「敵」でないかどうかを判断し、そして都市に居住する友人が「敵」に豹変していないかどうかにおびえなければならないからである。実際に、村落部で起こった「争い」の情報に疎かったために、知らないうちに「敵」に変貌していた知人にポートモレスビーに居住するフリが殺されたケースもあったという。このような状況に対する危機感を背景に、一九九五年ごろ、都市に暮らすフリによる話し合いがもたれ、自分たちは村落部の「争い」の論理には従わない、昨日の友は今日の友であって、自分たちの生活空間とは離れた場所で起こる「争い」によって人間関係を変えることはやめようという約束がなされた。都市に移住した人びとは、タリ盆地でまとまりのある単位としてふるまうフリ「集団」と自分たちの「集団」を区別して生きようと試みているのである。

一方、病院関係者など公的な仕事についている人々を、フリの「争い」の論理から区別しようとする動きは、フリ自身のなかにもみられる。そのきっかけになったのは、タリ盆地にある唯一の病院の唯一の医師が、自分のあずかり知らぬところで起こった「争い」のために、患者のふりをして病院を訪れた「敵」に殺された事件である。この行為については、フリの間でも支持しない意見がおおく、しかもこの事件の結果、長い間タリ盆地の病院に医師が派遣されなかったことから、公共機関で働く人びとについては、自分たちの「争い」あるいは「集団」の論理とは区別して扱おうという意見を耳にすることがおおい。ちなみに、部族内戦争でけがをして病院にいっても、治療は拒否されるそうである。タリ盆地には、体の中に折れた矢が入ったままの男がたくさんいる。

警察や教会関係者、そして金や銅の採掘をおこなう企業なども、フリの「争い」と「集団」の論理を否定し、「争い」は個人レベルの責任を法律によって裁くべきであるとの主張を繰り返している主体である。採掘をおこなう企業としては、採掘にともなって発生するロイヤリティーを受け取る集団を、潜在的なハメイギニの構成員でなく、限定的なハメイギニの構成員にすることが、鉱山経営における課題なのだという。

いくつかの状況証拠により、サツマイモが導入された三〇〇年前のフリは、人口がわずかに二〇〇〇から三〇〇〇だったと推定されている。その後のサツマイモ革命によって、今日見られるような「争い」と「集団」の論理が形成されてきたのだとすれば、それは人口の急速な増加と、それにともなう居住空間の生態学的変化に対する、柔軟な対応であったとみなすこともできる。実際、人びとがフレキシブルに居住地域を移動できたことは、今日のタリ盆地ですすむ土壌劣化や野生動物資源の減少などへのミクロな対応としては意味をもっていた。今後、パプアニューギニアを取り巻く状況によっては、「争い」と「集団」の論理がさまざまな場面において変容をせまられるのは間違いないことだろう。

第7章

ポートモレスビー移住者集団の生態学

1 憧れのポートモレスビー

パプアニューギニアの首都であるポートモレスビーは、パプアニューギニアのなかでは圧倒的に大きな町である。高級なホテルや大使館、オフィスビルなどがあり、人口が大きいというだけでなく、八〇〇以上もある言語族の出身者が生活しているため、さまざまな文化的背景の人々があつまるコスモポリタンな雰囲気もある。パプアニューギニア高地の出身者にとっては、サンゴ礁と大きな海、そして海で暮らしてきたオーストロネシア系の民族との出会いも新鮮なのだとおもう。ポートモレスビーはフリの若い男にとってあこがれの場所であり、皆が、いつかポートモレスビーにいくという夢がかなうのを願っている。とはいえ、タリ盆地とポートモレスビーをつなぐ陸路はないために、ポートモレスビーにいくには大変高価な飛行機のチケットを買うしかない。ハイランドハイウェイを走るバスを乗り継ぎながらパプアニューギニア第二の都市であるラエを目指し、そこからニューギニア島の東側を航行するフェリーに乗るというルートもあるにはあるが、途中の町に泊まりながらの長旅になり、コスト的には飛行機とそれほどかわらないと思う。

飛行機のチケットの値段は、フリの若い男にとっては途方もない額である。タリ盆地で買えるのは基本的に正規料金のチケットだけであり、おおむね公務員の一か月分の給与に相当する額である。ブタを飼育していれば、それを売って現金を獲得することも考えられるが、結婚前の若い男がサツマイモ畑をもっていることは少なく、したがってブタを飼養することもほとんどない。タリ盆地では賃金労働の機会は皆無であり、現金を手に入れるためには、ロードブロックで車をとめて現金を強奪するか、銀行強盗をするくらいしか方法がない。実際、ハイウェイにはロードブロックのよく発生する場所があり、給料が支払われる金曜日の夜はロードブロックがおおい（賃金労働者は二週間に一回、金曜日に給料を受け取る）。タリの銀行は、頻繁に強盗に襲われるために、営業している期間より、閉鎖されている期間の方がずっと長い。銀行が閉鎖されている期間は、賃金労働者が現金をもって移動するので、ロードブロックをする若者にとっては現金獲得のチャンスの多い時期である。

余談ながら、私もフリの若者に彼らがポートモレスビーにいく費用を奪われたことがある。一九九四年の調査で村に住み始めたころ、家に窓をつくったことがあった。村の家には窓がないのが普通だが、長く暮らす予定でもあったので、窓をつけて明るく快適な家にしようとおもった。タリの町で蝶番となる部品を購入し、近所の若者に手伝ってもらって、五〇センチメートル四方の窓をあけた。家の玄関には、小さな南京錠をつけていたものの、窓には鍵をつけることはしなかった。前に調査をした東セピック州のコンビオでは家に鍵をかけない生活をしていたので、タリ盆地でも鍵はいらないだろうと思い込んでいた。しかし間抜けなことに、窓をつくった日の午後に、何者かに窓から家に侵入され、パスポート、帰りの飛行機チケット、調査のための費用である一五〇〇キナ（当時のレートで一二万円）が入った袋を奪われてしまったのである。

あとでわかったことは、泥棒をしたのは窓をつくるのを手伝ってくれた若者のひとりとその仲間であった。近所の人と犯人捜しをしているときに、何食わぬ顔をしてそこにいたというのだからたちが悪い。驚いたことに、翌朝、家の入り口に、パスポートと飛行機のチケット、お金が四〇〇キナ（約三万円）置いてあった。帰りの国際線チケットがないとウメザキも困るだろう、四〇〇キナあればなんとかなるだろうと、泥棒なりに考えてくれたにちがいない。しばらくして、三人の泥棒は、私から奪ったお金で飛行機のチケットを買い、ポートモレスビーに旅立ったときいた。

ポートモレスビーに住む親せきから、突然、飛行機のチケットが送られてくることもある。たいていの場合には、子守をする人が欲しいとか、商売の手伝いをする人が欲しいなどの表向きの理由があるものの、ポートモレスビーの人にとっては、タリ盆地に住む親せきとの襟帯を維持するという意味もあるようである。それは、そのうちタリ盆地に戻ろうと考えているポートモレスビーの人にとって大事なことで、村の親戚の飛行機代を支払うほか、高校に進学した親戚の子どもの学費を援助したり、婚資の一部として現金を拠出することで、ハメイギニの潜在的なメンバーとしての最低限の義務を果たす人がおおいように思う。タリ盆地とポートモレスビーは、地理的には離れた場所にあるものの、人と情報の行き来という意味ではつながった二つの分集団という位置づけにある。

パプアニューギニア国の首都ポートモレスビーは比較的新しい都市である。第二次大戦までは植民地政府の役人などの外国人が主たる住民であり、パプアニューギニアの人々は雇われの使用人などを除いては都市の外側に居住することを求められていた。第二次世界大戦以降にはポートモレスビーに居住するパプアニューギニアの人々の数はゆるやかに増加したものの、彼ら／彼女らがポートモレスビーの主役といえる存在になったのは、一九七五年にこの国が独立して以降のことである。

ポートモレスビーには「セトルメント」と呼ばれる場所がある。それは、政府が管理するはずの空き地やポートモレスビーにもとから暮らしていた民族の土地に自然発生的に生まれた集落のことであり、人々が正式な契約をして居住する住宅地とは区別される。ひとつのセトルメントの住民は同じ地方の出身者で構成されることがおおく、いわばポートモレスビーにつくられたそれぞれの民族の移住者集落のような様相を呈している。一九九〇年の統計によれば、ポートモレスビーの人口の三三%がセトルメントに居住していた。

タリ盆地からポートモレスビーへの移住は一九七〇年代に始まったといわれている。きっかけは、ポートモレスビーの北側及び東側にあったプランテーションでの契約労働である。労働者の一部は、契約が終わった後もタリ盆地に戻らずポートモレスビーに残った。彼らは、政府が管理するはずの空き地やポートモレスビーにもとから暮らしていた民族の土地に家を建てた。そこを核として、タリ盆地の出身者が次第にあつまり、フリのセトルメントが形成されていった。沿岸部および島嶼部の出身者に比較して、高地出身者は相対的に教育レベルが低く、セトルメントに居住する割合は高い。

タリ盆地で調査をしているとき、ポートモレスビーに住んでいる親戚の暮らしぶりについての話をよくきいた。ポートモレスビーに行ったことのある若者は、そこがいかに暑いところか、何をするにもお金のかかるところか、しかし一方でいかに刺激に満ちたところかを語った。ポートモレスビーにいったことのない若者は、どの親戚であればポートモレスビーで自分を居候させてくれるかについて真剣に議論をした。

ポートモレスビーに滞在する外国人にとって、セトルメントは遠い空間である。ガイドブックにはセトルメントの周辺は治安が悪いので近づかないようにと書いてあるし、実際に新聞などには、セトルメントの近くで殺人事件があったとか、ロードブロックが起きたなど物騒なニュースが掲載される。何より、エリート層のパプアニューギニア人が、セトルメントの存在がポートモレスビーの治安と発展をいかに阻害しているかを力説することがおおい。正式な住宅地の家が一軒一軒フェンスで仕切られているのに対して、海に面したところや山の斜面にみえるセトルメントには、家がごちゃごちゃと建てられていて、立ちのぼる焚火の煙や、畑で働く

写真7-1　ハヌアバダの海上集落

人などが観察され、そこには人々の生活感が強く感じられる（写真7―1）。しだいにフリのセトルメントで調査をしてみたいと考えるようになった。

そこで、一九九四年の一二月にとにかく行ってみることにした。エリマという地域にフリのセトルメントがあるときいていたので、その近くまでバスでいって、道を尋ねながらエリマに向かった。しかし、運が悪いことにエリマに入ったところで、酔っ払いに声をかけられてしまい、「お前の設置したゲーム機のせいで子どもたちがお金を盗むようになって困る。早く撤去しろ」などと身に覚えのない文句を言われてしまった。酔っ払いに絡まれる私の周りにはたくさん人があつまってきたので、「自分は日本から来た学生なのでゲーム機の設置のことは知らない」、「タリ盆地で調査をしていたからフリの人が住んでいる家を探している」と説明したが、酔っ払いというものは、自分勝手な論理を振りかざし、聞く耳をもたないものである。おそらくゲーム機を設置した中国人の商売人と私を混同したのだと思う。その日はあきらめて宿に戻った。

その日の収穫は、悪の巣窟のように喧伝されるセトルメントも、意外に普通だとわかったことである。確かに私が入っていくと、遠巻きにジロジロみられてかなり緊張するが、言葉ができること、日本からの学生であることがわかれば、よそよそしいながらも世間話には対応してくれる。その時は、二週間ほどいろいろなセトルメントに行ってみて、何人かのフリの人には会うことができた。しかし、住み込み調査ができそうかといえば、そこまで受け入れてくれそうな雰囲気は全くなかった。

そのあとタリ盆地に戻って、ポートモレスビーでの顛末をヘリの人に話した。どこか居候させてくれるセトルメントはないだろうかという話をしたところ、ウメザキはヘリで調査をしているのだから、ポートモレスビーに住むヘリの出身者にあらかじめ手紙をだしておき、タリ盆地から親戚が訪ねていく風にするとよいのではないかといわれた。ポートモレスビーに行く日時と航空機の便名を手紙にかいてあらかじめ送っておこう、そしたら飛行場に迎えにきてくれるだろうと。いわれるままに、二か月後に予約してあった航空便の日時と便名を書き、ヘリの人がまとまって住んでいるセトルメントの数人に手紙をだした。ヘリの人たちの話すことを私がそのまま代筆したので、私がヘリにかかわりのある人間であることを示す紹介状のようなものである。

ポートモレスビーでの調査が実現したら、ヘリとウェナニのメンバーのなかでポートモレスビーに居住している全員に会うことを目標にしようとおもった。第2章で説明した家系図によれば、五四人がポートモレスビーに居住していることになっていた。そのリストを作成してポートモレスビーにいく日を迎えた。

写真7-2　バディリセトルメントでフリの居住するブロック

2　セトルメントの生活

パプアニューギニアでは、予約しておいたゲストハウスの車が空港に迎えに来ないことが珍しくないくらいだから、正直なところ二か月前にだした手紙に迎えにきてくださいと書いただけの私をセトルメントの人が迎えに来るわけはないと思っていた。しかしその時は予想に反して、飛行機のゲートからでたところで、三人の男に「ウメザキか?」と声をかけられたのには本当に驚いた。三人の男は、家系図上ではよく知っているヘリのメンバーだった。ポートモレスビーの空港には、全国から飛行機がとんでくるので、それなりにたくさんの乗客がゲートからでてくる。飛行機の到着が遅れず、さらに三人が群衆のなかから私をみつけてくれたのは幸運であった。

写真7-3　セトルメント調査を手伝ってくれたフリの男

私たちはバスに乗り、あたりまえのようにバディリというセトルメントに案内された。夕方、暗くなるころに、ひとりでセトルメントにいくのは外国人旅行者がもっともやってはいけないといわれていることである。それが、ヘリの人が一緒だと、なんと簡単にセトルメントに入れることか。バディリには、フリの移住者が集まって暮らしているブロックがあり、そのなかの一つの家に通され、寝る場所が提供された。そのブロックに住む人はほとんどがヘリの出身者だったので、その夜は、セトルメントの人々にヘリの近況などを話して大変盛り上がったのをよく覚えている（写真7―2、写真7―3、写真7―4）。

バディリには、フリの世帯が五つあり、そこにたくさんの若者が居候していた。もともとバディリはニューギニア南岸出身のフラの人たちが多く暮らすセトルメントである。彼らは岸から沖に向かう桟橋を建設し、その両側に家を建てて暮らしていた。桟橋の先端にいくと家のポストを結構な大波が洗うの

写真7-4　セトルメントの小売店前に並ぶフリの人々

で落ち着かないが、どこでも用を足せるという意味では快適である。対照的にフリの住むブロックは、セトルメントの入口にあり、海からは少し離れている。ブロックの真ん中にひとつだけ水道の蛇口があり、電気が引かれているのは一世帯だけである（写真7―5）。煮炊きに灯油コンロをつかう世帯もあったが、焚火をつかうことも多かった。トイレはブロックの中には存在せず、セトルメントをでてしばらく歩いた場所にある草地が公共の野糞場所になっているという。そこに行くには、水道パイプでできた細い一本橋を渡らなければならないし、そこら中に糞が落ちているので、夜に用をたすのは大変なことであった。

バディリのセトルメントのなかに居候させてもらいながら、ヘリとウェナニの家系図に登場した五四人のポートモレスビー居住者の全員に会うという調査を始めた。家系図を作成していたおかげで、それぞれの個人が誰の子どもで、誰の兄弟姉

写真7-5　セトルメントの水場

妹かという情報を把握していたために、個人を特定する作業は困難ではなかった。バディリのセトルメントで暇をもてあましていた若者につきあってもらい、五四人のひとりひとりを訪ね、その個人の居住する世帯についての情報を収集した。

調査の結果、五四人のうち三五人はセトルメントに住み、一九人はセトルメントではない住宅地に住んでいた。二七人は未婚であった。男性の七七％、女性の九一％はインフォーマルセクターに従事していた。五四人のなかには世帯主もいれば、独身の居候も含まれていた。五四人が所属する世帯は全部で二三あり、その世帯主は全員がフリの個人であった。

二三世帯に所属する二六〇人のフリについて、それぞれの移住史、生業活動などについての聞き取りをおこなった。平均世帯人数は一一・三人、そこには四・八人の独身の若者および一・五人の既婚の居候が含まれていた。平均すると、世帯主の夫婦は、三人の子どもと六・三人の居候を養っていることになる。フリの移住者が多く住んでいるセトルメントはバディリのほか、エリマ、コネという場所にもあることがわかった。水道がある世帯は全体の九一％、電気のある世帯は六五％であった。

エリマは南高地州からの移住者が多く住むセトルメントである。南高地州からの移住者への偏見もあり、ポートモレスビーのエリートからは治安に問題のある地域とみなされている。バディリとコネは、ポートモレスビー近郊から移住した人々がおおく住むセトルメントである。バディリとコネの主たる住民は、それぞれフラとトアリピ語を話す人々である。エリマの近くにはゴードン市場、バディリの近くにはコキ市場があるが、コネは商業圏から少し離れている。バディリ、エリマ、コネにあるフリの世帯に居候させてもらいながら、移住者がどのようにしてポートモレスビーでの生活を成り立たせているかを調査することにした。

3 インフォーマルセクター

セトルメントに暮らす人の仕事はさまざまである。警察官、政府の役人、会社員などフォーマルセクターに従事する人もいるが、大部分の住民はインフォーマルセクターに従事しながら生計をたてていた。インフォーマルセクターとは、国家の商業統計に記録されない経済活動のことである。ポートモレスビーにおいては、嗜好品・食品の小売り（ビンロウ、タバコ、ジャガイモ、タマネギ、ビール）、食品の製造販売（ゆで卵、パン、マトンフラップなど）、日常品を販売する小売店の経営、ビリヤード、ダーツ、ビンゴなどの運営、高利貸しなどが営ま

写真7-6　ビンロウの小売り

れていた。フリの出身者ではないものの、バディリには物乞いを職業としている人がいて、毎朝、商売用のみすぼらしい服をきて、お金を入れてもらう容器と看板（なんと書いてあるかは確認していない）をもって出勤する姿は興味深かった。

インフォーマルセクターの特徴は、フォーマルセクターがカバーできない領域を対象にするということである。たとえば、インフォーマルセクターとしてビールの小売りが商売として成立するのは、当時のパプアニューギニアでは平日夜間と休日の酒類の販売、およびビールのばら売りが禁止されていた（六本単位でしか販売できない）ことと関係している。平日夜間と休日にビールを購入したいという需要、あるいはばら売りで購入したいという需要を前提にインフォーマルセクターのなかでのビールの小売りがおこなわれる。他の例では、ビンロウはポートモレスビーではトカララにある市場を除く公共空間では販売できないというルールを逆手にとって、トカララ市場以外の公共空間やセト

写真7-7　ゆで卵、ビンロウ、タバコの小売り

ルメントの中でビンロウを売るというビジネスが成立していた（写真7―6）。ただし、ビールの夜間・休日販売やばら売り、トカララ市場以外の公共空間でのビンロウの販売は、いずれも行政によって禁止されている行為であり、監視員や警察による摘発や商品の没収などのリスクも存在する。

一方、ゆで卵、パン、マトンフラップなどの食品の販売は、セトルメントの中や公設の市場の周辺で営まれる（写真7―7）。ポートモレスビーが外国人の町として発達した経緯もあり、市中には安価な食堂はほとんどない。ファーストフードの店はあるものの、ほとんどの人にとっては高価であり日常的に利用できるものではない。路上で販売されるゆで卵、パン、マトンフラップは、このような人々の外食需要に対応したものである。ただ、食品の販売は参入が容易なために同業の競争相手がおおく、供給過多になりやすいという問題をかかえている。そのため、パンにバターを塗る、マトンフラップをコンソメパウダーと一緒に焼くなど、常に新しい工夫をしてほかの販売者との差別化をはかり、おまけをしてなじみの常連客をつくるといった努力が必要とされる。ビリヤード、ダーツ、ビンゴなどには賭け事の要素もあるため、そこに集まる酔っ払いの引き起こすもめごとへの対処が必要である。高利貸しの場合は、貸したお金が返ってこないなどのリスクをかかえている。

ポートモレスビーでは、ひとつの世帯は、通常、複数の商売を掛け持ちしている。組み合わせにはある程度の必然性があり、ビンロウの実を売ることを主たる仕事としつつ、その横でタバコを売る、パンとコーヒーを一緒に売るなど、同じ時間でなるべく多くの収益をあげるための工夫がみられる。またビールの販売などのグレーゾーンのビジネスは誰にでもできるわけではなく、酔っ払いが暴れたときにそれをコントロールできるような親分肌の個人が従事していることがおおい。

セトルメントの居住者には、セトルメントを生活の本拠地としているものと、親戚をたよって村から遊びに来て一時的に(とはいえ、数か月から数年)居候しているものがいる。数的には後者の方がおおく、セトルメントの居住者はきわめて流動性が高い。セトルメントを本拠地とする居住者は核家族のことがおおく、自分の家を所有あるいは賃借している。そしてその核家族のもとに、近い親戚から遠い親戚までたくさんの居候が身を寄せる。居候はほとんどが男性の独身者であり、一生に一度でいいからポートモレスビーに行きたいという夢をもって村からやってきた人々である。居候とはいっても遊んで暮らしてよいわけではなく、身を寄せる世帯になんらかの貢献を求められ、多くの場合は世帯主の商売の手伝いをしている。たとえば、ゆで卵やパンを製造する手伝い、販売の際の店番などである。なかには警備員などの職について、その報酬の一部を世帯主にわたす場合もある。

私を含めて日本に住むほとんどの人はインフォーマルセクターでお金を稼いだ経験がないと思う。インフォーマルセクターは、国家の商業統計に記録されない経済活動という定義であり、税金の徴収を前提に国家財政が成り立っている国では、そもそもインフォーマルセクターの活動が存在できないような、いいかえれば脱税を許さないためのルールがある。したがって、フリのセトルメント居住者の多くが、さまざまな活動を組み合わせて生活に必要なお金を稼いでいるということが、私にはとても新鮮であった。まずは、セトルメントの世帯が従事するそれぞれのインフォーマルセクターの具体的な方法をみせてもらうことにした。

1……ビンロウ、タバコ、ジャガイモ、タマネギの小売り

ビンロウ（ベテルナッツとも呼ばれる）は、*Areca*属のヤシの種子である。南アジアから、東南アジア、南太平洋にかけての広い地域で嗜好品となっている。ビンロウは中の実を繊維質の外殻が包み込む構造となっている。未熟な種子は、中の実が柔らかく外皮は緑色である。成熟すると中の実が大きく硬くなり、外皮が黄色からオレンジ色に変わる。未熟なビンロウの外殻をむいて中の実を噛むと、清涼感があり、大量の唾液が分泌される。一般的には、炭酸カルシウム（石灰あるいは貝殻の粉末）およびキンマ（コショウ科コショウ属のつる性の常緑多年草）の葉あるいは実と一緒に噛むことがおおい。噛んでいるうちに、赤色の液体が口の中に生成され、軽い覚醒作用を覚える。修士課程の学生のときに調査をしたコンビオの村ではビンロウが栽培されており、それはタバコと並ぶ村の嗜好品であった。ビンロウさえ噛んでいれば、ごはんを食べなくても、何時間でも連続して歩き、働くことができるという。標高の高いタリ盆地ではビンロウを栽培することができないので、タリからポートモ

レスビーに移動した人のほとんどは、セトルメントの人からビンロウの噛み方を指南される。ビンロウには中毒性があるといわれ、ポートモレスビーではひっきりなしにビンロウを噛んでいる人もおおい。例外は、ビンロウの摂取を禁止している宗派のキリスト教会に所属している人、ビンロウによる口腔がんの発症リスクを恐れる人である。個人的にはあまりビンロウの良さがわからない。

ビンロウを噛む人が赤い液体を吐き出すことによって、道路や壁がいちじるしく汚損されるためか、公共空間におけるビンロウの販売および噛む行為は禁止されている。私がポートモレスビーで調査をしていた時期に、ビンロウの取引が唯一許可されていたのはトカララ市場であった。ほかの公設市場では、海産物や野生動物の燻製、野菜、果物などさまざまな商品が売られているのと対照的に、トカララ市場では大きな袋に詰められたホールセールのビンロウばかりが売られていた。ビンロウをトカララ市場で販売しているのは、ポートモレスビー近郊の農村部に暮らす人々のほか、ニューギニア島北岸のレイで買い付けたビンロウを売るブローカーも存在した。ビンロウが好きな人には、産地による味の違いがわかるといい、レイから輸送したビンロウには希少性を背景とした付加価値があるという。

インフォーマルセクターとしてビンロウを売る人々は、トカララの市場で大きなバッグに入った五〇キログラムのビンロウを仕入れ、それを小売りにする。ポートモレスビー近郊の農村部まで仕入れにでかける人もいる。朝の四時ごろにポートモレスビーを出発する仕入れの人を運ぶためのバスも運行されているという。

公共空間ではビンロウの販売が禁止されているので、ビンロウを小売りする主な場所は私的な空間であるセトルメントの中である。人通りの多いところに大きな板をひろげ、そこに大きなビンロウであればひとつ、小さいものだと三つほどをひとやまにして、キンマの実と一緒に売る。ビンロウを買った人がその場で噛む場合には、店主が管理する炭酸カルシウムが提供される。ビンロウの小売りをする人は大抵の場合、タバコの小売りもしているものである。

ビンロウの小売りをする人のなかには、あえて公共空間で商売をするものもいる。例えば、官公庁のあつまるワイガニ地区には、お昼休みの時間を狙って、ビンロウの小売りをする人がおおくあつまる。バス停にもビンロウの小売りがよくみられる。とはいえ、おおっぴらに商売をすると、取り締まりをする役人にビンロウを没収されてしまうので、ビンロウはポケットに隠し、常連の客をみつけて素早く販売する。このような売り方をされるビンロウは、セトルメントで販売されるものに比較すると値段が高く、うまくいけば効率的に利益をあげることができる。私の調査では、セトルメントのなかで五〇キログラムのビンロウを小売りした場合は仕入れ値の一・四倍の売上が得られたのに対し、公共空間で小売りをした場合は一・七倍であった。しかしながら、公共空間で売るために持ち歩くビンロウの量は限られるし、しばしば取り締まりの役人に没収されるので、トータルとしてはリスクが大きく、儲けの少ない販売方法のようにみえる。

2……ビールの小売り

パプアニューギニアにはSouth Pacific Brewery（通称ＳＰ）というビール会社がある。缶ビールも売られてはいるが、瓶ビールの方が圧倒的に人気である。瓶の形と大きさは、オーストラリアの代表的なビールであるビクトリアビターによく似ており、コップに注がず瓶から直接飲むのが一般的である。タリ盆地ではあらゆるアルコールの販売が禁止されていたので、調査を終えてポートモレスビーで飲むビールはとてもおいしかった。

私がポートモレスビーで調査をしていた頃、酔っ払いによる犯罪行為が社会的な問題になっていた。そのことと関連して、小売店での夜間および週末のビール販売は禁止されていた。夜間あるいは週末であっても、レストランやバーにいけばビールを飲むことはできるものの、そのような場所のビールは小売店で買うより高価であり、また酔っぱらいは入口のセキュリティーガードによって入場が阻止される。

夜間や週末に仲間とビールを飲んでいて、あらかじめ買っておいた分では足りなくなった場合、セトルメントにいけば不法に販売されているビールを買うことができる。コネのセトルメントで調査をしたときの顛末はおもしろかった。私がいた家とフェンスを隔てた隣の家でお祝いがあり、昼間から男たちが集まってビールを飲んでいた。そのことをあらかじめ知っていた世帯主は、大量のビールと氷を仕入れ、それを大きなクーラーボックスに入れて冷やした。隣の家の人たちはそのうちビールが足りなくなって、絶対にこのビールを売ってくれというはずだという。実際、夜になって隣の家の酔っ払いはビールが足りなくなり、柵のこちら側のクーラーボックスで冷やされたビールを購入しはじめた。隣にはたくさんの人がいたので、ビールは飛ぶように売れた。そのうち、柵のこちら側にいる世帯主もビールを飲むかといい始めた。最初は、一本だけという約束で飲み始めたものの、それが二本になり、三本になり、柵の向こうの隣の家の人たちがビールを飲むのをやめた後も、柵のこちらでは飲み会が盛りあがった。その時は世帯主の弟が悪酔いをして、悪い言葉を吐き、挑発的なことをいうようになり、最後は大喧嘩になってしまった。私も酔っ払いにいろいろ絡まれたが、おおむねおもしろい飲み会だった。

大変だったのはその後である。夜寝ていると、部屋の壁が燃えており、部屋の中には白い煙が充満していた。私は飛び起きて、家の人をおこし、水をかけたので火はすぐに消えた。しかし世帯主は飲み会の最後に追い出した弟がその腹いせに火をつけに戻ってきたのだと疑い、激怒していた。翌日、世帯主は警察にいって火をつけた弟を逮捕してくれと頼んだけれども、警察は相手にしてくれなかったようである。おそらくはビールを飲みながら吸ったタバコの燃えさしを衣服の上に捨ててしまって、それが時間を経て発火したのだろう。燃えたのは私が着ていた黒いポロシャツで、世帯主は弁償するといってくれたけど、ビールをおごってもらったし、古いものだから気にしないでといって、申し出を丁寧に断った。

3……ゆで卵、マトンフラップ、パンの（製造）販売

ゆで卵とマトンフラップはセトルメントのなかで、パン、コーヒー、アイスブロックは主にマーケットで販売される。ゆで卵を売る世帯はポートモレスビー郊外の養鶏場で卵をまとめて購入し、それをゆでてセトルメントのなかで販売する。ゆで卵はなかなかの人気で、小腹がすいたときのスナック感覚で購入される。たいていの人は、購入したゆで卵の殻をむいて、その場で食べてしまう。ゆで卵を販売する人が塩を提供する。販売する商品としてのゆで卵の利点は、ゆでる前の卵を常温で長期間保存できることである。ベテルナッツに比べると、仕入れの頻度が少なくてすみ、商品がだめになってしまうリスクも低い。

マトンフラップは、オーストラリアおよびニュージーランドから輸入したものである。わずかな肉と大量の脂身のついたアバラ骨を適当な大きさに切って大きな鉄板で焼く。アバラ肉を焼くと、大量の油がでてくるので、その油でサツマイモやバナナを揚げてアバラ肉と一緒に販売することもおおい。塩で味付けするほか、コンソメパウダーがまぶされることもある。ゆで卵と同じようにスナック感覚で購入する人がおおい。購入する

人は少しでも肉のついた部位を選びたいので、肉のつき加減に応じて、それぞれの部位に適切な値段を設定するのが、売れ残りをださない秘訣だという。

パン（パプアニューギニアではスコーンと呼ばれる）はドラム缶を改造したオーブンをつかって焼かれる。小麦粉をこねてイーストを加えて発酵させなければならないので、製造には長い時間がかかる。パンを製造する人は、日本のパン屋と同じように朝早くに起床し、朝食のタイミングで市場にパンを並べられるようにする。市場にはポートモレスビーの郊外にある農漁村から野菜、動物、魚を売りに来る人がおおいので、その人たちの朝飯および昼飯としてパンがよく購入されるようである。パンはそのまま販売されるほか、真ん中に切れ目をいれて、そこにマーガリン、ジャム、ベジマイトなどをつけたものも販売される。たいていのパン屋は、コーヒーおよび紅茶も一緒に販売している。余談ながら、そこで販売されるコーヒーと紅茶にはカップ一杯あたり二〇グラムの砂糖が加えられている。

4……ビリヤード、ダーツ、ビンゴなどの運営

セトルメントのあちこちには、ビリヤード台が置かれている。管理している人にお金を払うと遊ぶことができる。時間をもてあますことのおおいセトルメントの若者たちはビリヤードが驚くほど上手で、水平に設置されていないため球がまっすぐ転がらない台の特性まで頭に入れているので、私などはまったくかなわない。ダーツとビンゴも、その機器の一式を個人が所有・管理している。矢がダーツ盤のいい場所に当たると景品がもらえる。たいていの矢は矢羽根がまっすぐについていないので、なかなか狙ったところには刺さらない。ビン

ゴも商品を賭けて実施されるもので、早くあがった人は景品をもらうことができる。商品はコカ・コーラなどの清涼飲料水であることがおおい。

ビリヤード、ダーツ、ビンゴのある場所には、コカ・コーラ、ペプシ、スプライトなどの炭酸飲料がつきものである。ビリヤードの勝負では、負けたら勝った人に炭酸飲料をおごるし、ダーツやビンゴの景品もたいていは炭酸飲料である。ポートモレスビーではあらゆる場所で炭酸飲料を買うことができる。感覚的には、商店の冷蔵庫に並べてある飲料の八〇%は炭酸飲料であり、セトルメントの露店では冷やしていない炭酸飲料の缶が売られていることすらある。セトルメントのなかでは、お金が入ったといっては、若者が炭酸飲料をおごってくれるし、ほかのセトルメントを訪問すると、まずはコーラでも飲めとおごってくれる。炭酸飲料は、ポートモレスビーの男性、特に若者の間ですこし特別な存在であるように思う。

5……小売店

一九九五年の調査時点で、ポートモレスビーには、首都政府に登録された個人経営の小売店が一三二八軒あった。個人経営の小売店には、米、小麦、塩、砂糖、サバの缶詰、コンビーフ、清涼飲料水、石鹸、トイレットペーパーなどの日常的な商品が売られている。ポートモレスビーには個人経営の小売店向けのホールセール（対面販売をする問屋）がたくさんあり、そこにはポートモレスビー内外から小売店の経営者が仕入れに訪れる。

個人経営の小売店は早朝から深夜まで営業されているのが普通である。経営者の家族、親戚が交替で店番をする。私が店番を担当した経験では、お客が多いのは午前一〇時から一一時と、一七時以降であった。販売される商品の値段は、商業地域にあるスーパーなどに比べると高いものの、個人経営の小売店はセトルメントのなかに建てられているので、ちょっとした商品を購入するのに便利である。

4　移住者の生存戦略

高等教育を受け、フォーマルセクターで雇用される個人を別にすれば、フリの移住者は、タリ盆地からポートモレスビーに移住した時点では、都市でお金をかせぐ方法については全くの素人である。先にポートモレスビーに移住した親戚に教わりながら、自分に合った仕事を覚えることによって、都市での生活を成り立たせていく。世帯あるいは個人ごとに従事する仕事の種類はさまざまであり、また同一の世帯／個人のなかでも仕事の種類は時間とともに変化する。人々はそれなりの儲けのある仕事を模索しながら毎日を生きているようにみえた。

表7—1は、ポートモレスビーに居住する八つのフリの移住者世帯が、私の調査時にどのような仕事をしていたかをまとめたものである。たとえば、バディリに居住していた世帯Aは、ベテルナッツの小売りを主な仕事としながら、それと一緒にタバコを売り、知り合いにお金を貸して利子を受け取っていた。もっともたくさんの種類の仕事をしていたのは、エリマの世帯Gである。この世帯は、ビールの小売りを主たる収入源としながら、ベテルナッツ、タバコ、マトンフラップ、アイスブロックの小売り、小売店の経営、ビリヤード台の管

表7-1　移住者世帯の生業選択

活動	セトルメント／世帯							
	バディリ			コネ			エリマ	
	A	B	C	D	E	F	G	H
インフォーマルセクター								
物売り								
ベテルナッツ	●				○	●	○	○
タバコ	○				○	○	○	
魚のからあげ				○				
ラムのロースト							○	
アイスキャンデー							○	
タバコ（ムトゥルス）	○					○	○	
パン（スコーン）		●		○				
小売店				○			○	
ビール売り				●			●	
高利貸し	○	○					○	
養鶏				○			○	
ビリヤード台							○	
フォーマルセクター								
警察官			●					
運転手					●			
大工		○						●

●：それぞれの世帯がもっとも多くの収入を得た活動
○：その他の活動

理、養鶏、金貸しに従事していた。対象とした八世帯のうち三つの世帯は警察官、運転手、大工というフォーマルセクターの仕事をもっていたが、運転手と大工の世帯ではベテルナッツの小売りもおこなっていた。

しばらくセトルメントで生活するうちに、人々がそれぞれの仕事をするために一日に何時間働いて、いくらお金を得ているのかを知りたいと思うようになった。タリ盆地でサツマイモを耕作しブタを飼養することは重労働であり、天候不順の時期には食料不足を経験するとはいえ、それは豊富な在来知に裏打ちされ、慣れ親しんだ労働である。

対照的に、ポートモレスビーの移住者からは、食費を稼ぎ子どもを学校に通わせるために、慣れない仕事も含めてなんとか生活を成り立たせなければならないという緊張感を感じた。それぞれの世帯のメンバーと一緒に行動させてもらい、どこで何をして、いくらお金を払っていくらお金を受け取ったかを記録させてもらうことにした。ベテルナッツの小売りであれば、市場で五〇キログラムのバッグを仕入れてから、すべてを売り切るまで、パンの製造販売については、材料を購入し、パンをつくり、市場で売り切るまでが観察の一単位である。ビールの小売り、金貸し、フォーマルセクターの仕事については、一週間の収支をつけさせてもらうことにした。タリ盆地から初めてポートモレスビーへやってきた親戚に対してするのと同じように、私に対しても、それぞれの仕事についてのノウハウだけでなく、実際のお金の出入りについても、快く教えてくれたのはありがたかった。

観察データをもとに、それぞれの仕事について、儲け（粗利）を原価で割った値（粗利率）を計算してみた(Umezaki and Ohtsuka 2003)。たとえば、一〇〇キナで仕入れたベテルナッツを小売りにして、一二〇キナの売り上げがあれば、粗利は二〇キナ、粗利率は二〇パーセントと計算される。調査をしたなかで、この値が一番大きかったのはパンの製造販売（三四〇%）であり、養鶏（二一〇%）がそれに続いた。ベテルナッツの小売りとタバコの小売りは六〇~七〇%、ビールの小売りと金貸しが三〇%であった。一日あたりの儲け（粗利）を計算してみると、一番大きいのはビールの小売りで五九キナ（一九九五年の調査時点では一キナ＝〇・八五米ドル）、次がパンの製造販売で二一キナ、養鶏が九キナ、ベテルナッツの小売り、金貸しは、三・五~四・五キナの範囲であった。ちなみにフォーマルセクターの仕事（警察官、運転手、大工）の収入は一日当たり平均一一キナであった。

ひとつの世帯が複数の仕事をもっていることを勘案し、世帯ごとに成人一人当たりの収入、労働時間あたりの収入を計算してみた。ベテルナッツの小売りを主たる仕事とする世帯は、週当たり成人一人当たり収入が五八〜六一キナ、パン売りの世帯は八二キナ、ビールの小売りをする世帯は八四〜一一七キナ、そしてフォーマルセクターの仕事に従事する世帯は九〜五〇キナであった。ビールの小売りをする世帯の収入が大きく、フォーマルセクターの世帯が、インフォーマルセクターの世帯に比べて収入が高いわけではないことは驚きであった。ちなみに、調査時、ポートモレスビーにおける公務員の平均給与は週当たり九〇キナ、会社員は七二キナであった。調査で対象とした八世帯には、平均三・一人の成人がいるので、世帯収入は上記の成人一人当たり収入のおよそ三倍となる。公務員や会社員には住宅が支給されることもおおいので一概には比較できないものの、セトルメントでインフォーマルセクターに従事するフリの移住者の収入がそれほど低くないことは間違いないと思う。

5　労働とジェンダー

ポートモレスビーの調査でおもしろかったのは、労働にかかわるジェンダーの関係性であった。パプアニューギニア高地は男性優位の社会であるといわれる。農村では、婚資のやり取り、土地の使用権の売り買い、クラン所有地における土地開発の補償金受け取りなど、お金にかかわる事柄には基本的には男性が対応する。また、生業（サツマイモ耕作、畑の排水溝整備、ブタ飼養、採集）に費やす時間は男性が一日あたり二・八時間に対して、女性は四・五時間であり、女性の方が長い。これに対して、ポートモレスビーのセトルメントでは男性と女性の労働時間はほぼ同じであり、家計管理では実質的には女性が実権をにぎっていた（Umezaki et al. 2002）。私が調査をしていた時、夜寝る前に、対象とした世帯を訪ねて一日の儲けを一緒に数えるのを日課にしていたが、ほとんどの世帯でお金を管理するのは女性であった。「銀行口座にいくらあるか、夫は何も知らないの」と笑いながら話す女性たちの姿が印象的であった。同じ社会で生まれ育った個人であっても、どのような環境で生きるかによって、ジェンダーの関係性が容易に変容することは興味深いと思う。

6　ポートモレスビーの食生活

移住者の食生活はタリ盆地のそれとは大きく異なっている。ポートモレスビーではサツマイモは高価なので、タリ盆地と同じような食生活を送ることは不可能である。朝はセトルメントに来るパン売りから購入した食パンにマーガリンなどをつけて、甘いインスタントコーヒーか紅茶と一緒に食べることがおおい。食パンのかわりに、セトルメントの人が焼いたパンあるいは、個人経営の小売店に売ってあるハードビスケットを食べることもある。ハードビスケットには、ほのかに甘いもの、軽い塩味のもの、カレー風味、ビーフコンソメ味、チキンコンソメ味など、いろいろな種類がある。朝食時にはほのかに甘いものあるいは軽い塩味のものが好まれるようである。昼間、炭酸飲料などと一緒に食べる際には、カレー風味などしっかりした味のついたものが好まれる。ハードビスケットの製造メーカーがポートモレスビーで活動するボディービルダーのスポンサーになっており、宣伝のためのキャンペーンに登場したボディービルダーに向かって、司会が「この筋肉はハードビスケットで作られた」と叫ぶのが興味深かった。

昼は、各自がおなかのすき具合に応じて、適当に買い食いをする。市場でパンを買ったり、マトンフラップとバナナを食べたり、お金のない人は何も食べなかったりする。

夕食はそれぞれの世帯で家族と居候のための食事が調理される。典型的なメニューは、バナナ、サツマイモ、葉もの野菜をココナツミルクで煮て、炊いたご飯にかけたものである。世帯によっては、鶏肉や羊肉が一緒に煮込まれる。葉もの野菜をインスタントヌードルとサバの缶詰で煮込んでご飯にかけることもあるし、コンビーフだけをご飯にかけて食べることもある。ほとんどの世帯で調理は女性が担当する。

夕食のプレートはすべての居候に提供されるわけではなく、その世帯の仕事を手伝ったり、警備員などの仕事をして給料の一部を世帯に支払うなど、相応の義務を果たした居候だけが夕食を食べる資格があるようである。パプアニューギニアにはワントークシステムというものがあり、同じ言語族の親戚の家にはいくらでも居候できるというステレオタイプ化された語りが喧伝されるが、実際には世帯の仕事を手伝わずお金も入れない居候には次第にプレートが提供されなくなる。

表7―2は、タリ盆地に居住する人々とポートモレスビー移住者の食生活（エネルギーと栄養素摂取量）を比較したものである。成人男性の平均体重はタリ盆地では五七キログラム、ポートモレスビーでは七二キログラムだったので、それぞれの地域で平均的な体重をもつ成人男性の値に換算したものを示している。まず目につくのは、平均体重には大きな差があるにもかかわらず摂取エネルギー量はほとんど変わらないことである。消化

表7-2　タリ盆地の農村居住者および都市移住者の食品別エネルギー・栄養素摂取量（成人男性１人当たり）

	農村部居住者（タリ）			都市移住者（ポートモレスビー）		
	エネルギー (kJ)	タンパク質 (g)	脂質 (g)	エネルギー (kJ)	タンパク質 (g)	脂質 (g)
根茎類とサゴデンプン	7,141	18.2	3.7	837	2.1	0.4
穀類	1,076	4.7	0.5	3,336	16.4	1.8
葉っぱものの野菜	308	7.5	0.3	224	3.9	0.2
葉っぱもの以外の野菜	146	1.3	0.1	144	0.8	0.5
豆類	115	1.7	0.1	38	0.5	0.4
果物	236	0.7	0.4	495	1.1	0.1
魚, 肉, 卵	590	11.1	10.2	2,325	38.6	44.0
油脂	695	0.0	12.3	971	2.2	19.3
ファストフード	0	0	0	270	2.9	2.9
お菓子類	30	0.1	0.3	514	1.9	5.5
飲料	1	0.0	0.0	890	1.4	0.2
その他	3	0.0	0.0	199	0.2	0.3
	0					
合計	10341	45.4	27.8	10243	72.1	75.7

成人男１人当たりの摂取量を計算するための基準：農村部居住者 57.7kg, 都市部移住者 72.6kg. 農村部居住者には現金収入のある個人も含まれている。

吸収にかかわる疾患あるいは消耗性の疾患に罹患していない健康な成人では、食物からのエネルギー摂取量と身体活動などによるエネルギー消費量が同じであれば、体重は増えも減りもしない。一方、エネルギー摂取量と消費量が継続的に違えば、それは体重減少あるいは体重増加につながる。たとえば、一日あたりエネルギー摂取量が消費量を一〇〇キロカロリーだけ上回っている個人を考えよう。コンビニエンスストアで売っているおにぎりひとつ分のエネルギーが約一七〇キロカロリーなので、一〇〇キロカロリーとはおにぎり半分強に含まれるエネルギーである。この余剰エネルギーは脂質に換算すれば約一〇グラムであるので、理屈ではその量の脂質が体に蓄えられる。一〇グラムの脂質の蓄積が一年間続くと三六〇〇グラムの体重増加、一〇年続くと三六キログラムの体重増加につながることになる。もちろん、実際には私たちの体にそなわる恒常性維持機構によって、この計算通りにはいかないものの、体重が増えるのは夜食にラーメンを食べるなどの明らかなエネルギーのとりすぎというよりも、日々のわずかなエネルギーの過剰摂取が原因となっている。逆にいえば、一年間に体重の増減が三六〇〇グラム以内の成人であれば、そのエネルギー摂取量と消費量の違いは一日あたり一〇〇キロカロリー以内、すなわちおおむね等しいと仮定することが可能である。体重が軽いタリ盆地の住民と体重が重いポートモレスビーの住民のエネルギー摂取量がかわらないのは、両者の身体活動レベルの違いを反映している。

エネルギー源である主要栄養素、すなわち炭水化物、タンパク質、脂質の摂取量をみると、タリ盆地の人々に比べてポートモレスビーの移住者は、タンパク質の摂取量が約一・五倍、脂質の摂取量が約三倍になっている。これは、産業革命以降にグローバルレベルで進行してきた「栄養転換」の典型的なパタンである。自然生態系のなかでは、太陽エネルギーによる光合成がすべての生物活動の出発点となっている。光合成は、二酸化炭素と水からデンプンやショ糖などの炭水化物と酸素を合成する化学反応であり、太陽エネルギーと二酸化炭素と水があれば、炭水化物は生態系のなかで常に生産されうる物質であるといえる。タンパク質および脂質は植物よりも動物に多く含まれている。動物は植物を食べることによってタンパク質を生産し、動物が食べた植物のごく一部だけが動物の体をつくるために使われるので、生態系のなかで栄養段階の高い動物は植物に比べるとバイオマスが小さい。これはブタやウシを育てるためにどれだけ大量の飼料が与えられているかを考えれば自明である。本来、生態学的にはタンパク質とは「高価」なものであり、現代社会において、「安価な」脂質とタンパク質が摂取できるようになった背景には、化石燃料の大量消費を前提とする産業革命の役割が大きい。

ポートモレスビーの移住者集落の食生活は、タリ盆地の人々にとっては、すばらしいご馳走としての条件を満たしている。すなわち、儀礼の時にしか食べることのできなかった動物の肉をポートモレスビーでは日常的に食べることが可能で、タリ盆地ではマーケットでサツマイモが売れた時だけしか食べることのできなかったコメがポートモレスビーでは主食である。私も含め、サツマイモ中心の食生活をおくるタリ盆地からポートモレスビーに来た人々にとって、米を主食とし、そこに肉と脂が加わるポートモレスビーの食生活はもっともおいしく感じるものである。

7 移住と健康

移住は人類の進化史において、重要な役割を果たしてきた行動である。移住によって居住する環境が変化すれば、人類集団の適応システムも変容を迫られる。新しい環境ストレスが選択圧となって、小進化がすすんだこともあったであろう。また移住する人々は、もともとの集団の全体を代表していないこともおおい。たとえば、病人よりは健康な個人が移住する可能性が高いだろうし、好奇心旺盛な個人が選択的に移住した可能性もある。これは始祖効果ともよばれ、移住先の集団がもともとの集団と異なる遺伝的な背景を有することのひとつのメカニズムである。ほかにも、移住のプロセスで経験するストレスによって、そのストレスに対する耐性を有する個人が選択的に生き残ることもあったであろう。

農村から都市への人口移動は、人類が長い歴史のなかで経験してきた栄養転換・疾病転換をきわめて短い時間のなかで引き起こすプロセスとみなすこともできる。サツマイモを主食として成長した個人は、ポートモレスビーに移住した瞬間から、主食のコメにタンパク質と脂質を多く含む副菜が組み合わされた食生活を営むようになる。労働は、中程度~激しい身体活動をともなうものから、軽度の身体活動で可能なものに変化する。デング熱など、タリ盆地には存在しない感染症への罹患リスクも生じる。食生活と身体活動の変化は、非感染性の疾患のリスクを増加させ、移住者のなかには肥満者の割合が増加し、高血圧および糖尿病に罹患する個人もおおい。

重要なことは、農村から都市への人口移動は、グローバルな現象であり、あらゆる地域でその規模を拡大しつつあるということである。二一世紀の人類は、肥満の過度な増加により、平均余命が短くなる可能性があるともいわれているが、その要因のひとつが農村から都市への人口移動により、都市的な生活習慣をおくる人口が増加していることなのである。

一方で、農村から都市への人口移動は、タリ盆地に居住する人々の生存に寄与する側面があるのも事実である。ひとつには人口増加による過耕作・土壌劣化、その帰結としての食料生産性の低下が人々に与える影響を緩和するセイフティーネットとしての意味がある。さらには、ポートモレスビーに居住する親戚からの送金は、子どもの教育あるいは受療行動を可能にする。

ポートモレスビーに居住するフリの成人は、そのほとんどが、タリ盆地で生まれ育ったあとに、ポートモレスビーに移住したものであり、ポートモレスビーは一時的に居住している空間にすぎず、自分の本来の居場所はタリ盆地にあるという意識をもっていると思う。だからこそ、タリ盆地に居住する親族との襟帯を維持するように努力し、自分が望めばタリ盆地に帰ることができるような状況を維持する。しかし近年では、ポートモレスビーで生まれ育った人、あるいはフリ以外の個人との結婚も増加している。ポートモレスビーで生まれ育った人のなかには、フリ語をうまく話せない人もおおく、サツマイモの耕作あるいはブタ飼養にかかわる在来知を有さないものもおおい。フリと結婚したほかの言語族出身の配偶者は（男性にせよ女性にせよ）、タリ盆地での生活に不安を覚えるという話もきく。彼らにとっては、ポートモレスビーこそが本来の居住場所であり、そのような人が増えることで、ポートモレスビーの集団とタリ盆地の集団のつながりは少しずつ細くなっていくのだろう。

また、次の章から説明する腸内細菌と人間の生存の関係性についても、農村—都市人口移動は影響を及ぼす可能性がある。私の主張は、それぞれの地域集団はその環境適応を可能にする腸内細菌叢を有しているというものである。タリ盆地のフリの場合には、サツマイモを中心とした食生活によるタンパク質摂取量の不足に対応した腸内細菌叢が成立していると考えている。フリの人々がポートモレスビーに移住して、十分量のタンパク質を摂取し始めると、タンパク質摂取量の不足に対応した腸内細菌はその有用性を失い、数を減らすであろう。なかにはその個人の腸から姿を消してしまう細菌もいるに違いない。ポートモレスビーに暮らして、タンパク質摂取量の不足に対応した腸内細菌叢を失った個人がタリ盆地にかえるとどうなるか。私と同じように、サツマイモを中心とした食生活では、タンパク質欠乏の症状を示すのではないか。もしくは、家族や友人のもつ細菌を受け取ることにより、タンパク質摂取量の不足に対応した腸内細菌叢をふたたびもつようになるのだろうか。農村—都市人口移動という現象は、このようなメカニズムによって、人類の健康に少なくない影響を与えているのだと思う。

第8章

低タンパク質適応

1　フリの適応システムの不思議

自然の優先する社会で生きる人々の調査をしていると、周辺の環境をうまく使いこなしている姿、すなわち人々の適応システムの精緻さに感心させられることがおおい。フリの適応システムのなかには、在来知に支えられたサツマイモの集約的栽培、ブタを交換財とした平和維持機構、柔軟な移動を許容する社会組織、そしてタリ盆地の人々の生存を間接的にささえる分集団としてのポートモレスビー移住者の存在などが包含されており、彼ら／彼女らのタリ盆地における安定的な生存が可能になっているのだと思う。

私の調査の結論として、フリの適応システムの弱点は、タンパク質の摂取量が少ないことであった。コメに比べるとサツマイモの重量当たりタンパク質含有量は少なく、タリ盆地には狩猟の対象となる野生動物はほとんど存在しない。ブタは交換財として重要なので、動物性タンパク質源としての貢献は大きくない。実際、タリ盆地におけるタンパク質の摂取量は、現代栄養学で必要と考えられているレベルを大きく下回っていた。私がフリの食生活で自分の体の免疫機能を維持することができなかったのは、最初に紹介した通りである。

不思議だったのは、タンパク質の摂取量が明らかに少ないにもかかわらず、フリの人々は巨大な筋肉を発達させており、免疫機能の低下などタンパク不足にともなう明らかな臨床症状がみられなかったことである。栄養学には長い研究の蓄積があり、それぞれの栄養素が欠乏した際に体にどのような症状がみられるかについての知見が整理されている。タンパク質は、私たちの体を構成する筋肉、骨、血液、酵素、ホルモン、免疫物質などの材料である。成長期の子どもにおけるタンパク質の摂取量不足は成長や発達の遅滞を引き起こし、成人期においてもタンパク質の不足する個人は、筋肉量の減少だけでなく、免疫機能の低下など日常生活のあらゆる場面での機能低下を経験するものである。タンパク質の摂取量が栄養学で提案される必要量を満たさないにもかかわらず、その個人が大きな筋肉をもち、元気に生活しているという現象は、現代科学の常識に照らせば不思議なことである。

サツマイモの集約的な栽培とブタの飼養を中心とした生業、およびタンパク質の摂取量が少ないという栄養学的な特徴は、タリ盆地に限らず、パプアニューギニア高地全体にひろくみられた。パプアニューギニア高地の東部は、ハイランドハイウェイをつかってコーヒーや紅茶などの換金作物をニューギニア北岸の商業都市ラエに運ぶことができることもあり、相対的に近代化が進んでいる。コメや缶詰などの購入食品が摂取されるようになったことで、十分な量のタンパク質を摂取している個人もおおい。一方、タリ盆地の位置するパプアニューギニア高地の西部には安定的な現金収入につながる換金作物は存在せず、タンパク質の摂取量は依然として低い水準にある。鉱山開発などによって、現金が流入し、人々の食生活にコメやサバ缶などの換金作物が取り入れられた地域もあるが、その影響は鉱山の周辺、しかも鉱山がオペレーションをしている時期に限られる。

パプアニューギニア高地において、タンパク質摂取量が少ないという報告がはじめてなされたのは第二次世界大戦直後のことである。現在のパプアニューギニアのテリトリーがオーストラリアの国連信託統治領になったことをきっかけに、オーストラリア政府が住民の栄養状態と健康状態を把握するための探検隊をパプアニューギニアに派遣した。探検隊はパプアニューギニアの数箇所で食事調査をおこない、なかでも高地のパテップではタンパク質摂取量が成人一人当たり二二・三グラム、そのうち動物性タンパク質は二・一グラムであったことを報告した。報告書のなかで、調査を担当した栄養学者は、サツマイモとタロイモを中心とする食生活からのタンパク質摂取量は必要量には程遠いと報告した。参考までに、コンビニエンスストアで売られているカツ丼には三〇グラムほどのタンパク質が含まれている。ご飯一合に含まれているタンパク質は約八グラム、卵は一個あたり六グラム、牛乳二〇〇ミリリットルは約七グラムのタンパク質を含んでいる。カップラーメンですら一食当たり一〇グラムほどのタンパク質を含んでいる。成人一人当たり二二・三グラムというタンパク質摂取量は、現代日本で実現するのが困難なほどに少ないレベルである。

興味深いことに、同じ集団を対象にした医学者による血液のバイオマーカーを評価する調査では、タンパク質の不足にともなう臨床症状がみられないという報告がなされた。タンパク質の摂取量が不足しているのに、タンパク質欠乏の臨床症状がみられないという現象は、「低タンパク質適応」と名付けられ、栄養学者、医学者、人類学者の注目を集めることとなった。

一九五〇年代のパプアニューギニア高地はまだ「探検」の対象であり、文化人類学の領域ではアフリカではみられない新しいタイプの社会構造の存在が議論されるほどの「未開」の社会であった。したがって、タンパク質の摂取量が少ないという報告について、多くの人は、それは単に不正確な食事調査の帰結ではないかという評価をしたのではないかと思う。しかしながら、その後、さまざまな研究者によって、丁寧な食事調査が繰り返され、結論としては、確かに低タンパク質適応という現象が存在することを多くの研究者が認めることとなった。

私がフリで低タンパク質適応の研究を始めたのは二〇一〇年のことである。オーストラリアの探検隊がパプアニューギニアにおいてタンパク質摂取量が少ないことを報告してから五〇年以上が経過している。その間に、パプアニューギニアは国家としての独立を果たし、豊富な天然資源を背景に大きな経済発展をとげた。二〇一〇年の時点で、低タンパク質適応の研究をするためには、最低限、パプアニューギニア高地のなかでも相対的に僻地に暮らす人々を対象にする必要があると考えた。

私には僻地に憧れをいだくところがあり、ウェナニとヘリで調査をしていた時も、タリ盆地をカバーする一〇万分の一の地図を眺めながら、タリ盆地で一番の僻地はどこだろうかといつも考えていた。その時に地図でみつけたのが、レバニという場所である。標高が二三〇〇メートル、そこにたどり着くには標高二八〇〇メートルの峠を越えなければならない。レバニの先は、標高差一〇〇〇メートルを一気におりるカリウスレンジを隔てて高地辺縁部の言語族が居住する地域につながっている。タリからコロバという町まで車で行けたとしても、そこからレバニに向かう登山口まではかなりの距離である。二〇一〇年代に低タンパク質適応の研究をするのであれば、パプアニューギニア高地の西端にあるレバニしかないだろうと考えていた。

2 低タンパク質適応を支えるメカニズム

低タンパク質適応については、一九六〇年代から一九七〇年代にかけていろいろな研究がおこなわれ、興味深い仮説が提示されている。最初に検討されたのは、窒素出納のバランスであった。窒素は主要栄養素のなかではタンパク質のみに含まれ、糖質や脂質には含まれていない。このことから、食事によって摂取される窒素量と尿中に排泄される窒素量を比較することによって、体内でのタンパク質代謝の状態を推測することができる。ある個人が摂取するタンパク質が不足しているにもかかわらず、タンパク質欠乏の症状を示さないとすれば、その個人のタンパク質必要量が何らかの理由で栄養学の想定するレベルよりも低いか、食物以外のタンパク質源が存在すると考えるしかない。

タンパク質必要量の個人差を説明する要因としてよく知られているのは、体の成長である。成長期には、タンパク質を材料とする体のあらゆるパーツが大きくなるために、摂取するタンパク質に含まれる窒素量よりも、体から排出される窒素量は少ない。その差分が体の成長に使われた窒素であると考えることができる。

オーメンは、パプアニューギニア高地人を対象に窒素出納を評価する研究をおこなった。その結果、食料不足など体タンパク質をエネルギー源にしなければならない状況にはなかったにもかかわらず、ふだんのタンパク質摂取量の少ない個人ほど、摂取するタンパク質より排泄されるタンパク質が多い、すなわち窒素出納が負の状態にあることを報告した（Oomen 1961）。

次の疑問は、負の窒素出納の背景にあるメカニズムである。体に入る窒素より体から出る窒素が多いということは、食生活以外に体タンパク質源が存在するということを意味する。実は、窒素は食物のなかのタンパク質以外にも、私たちの周囲に大気という形で存在している。タンパク質摂取量が少ない個人であっても、大気の窒素から、私たちが吸収可能な窒素化合物をつくることができれば、問題は解決することになる。低タンパク質適応という現象の謎に挑んだ研究者たちが考えたのは、腸内細菌による窒素固定がタンパク質栄養に寄与する可能性であった。窒素固定とは、大気中の窒素がアンモニアなど反応性の高い窒素化合物に変換されるプロセスである。工業的には高温高圧下で窒素からアンモニアを合成する方法が一〇〇年以上前に実用化されており（ハーバー・ボッシュ法）、今日の窒素肥料の大部分は大気を原料に窒素固定によって生産されている。一方、細菌の中にも、窒素固定の機能を有するものが知られており、マメ科植物と共生して窒素から窒素化合物を生産する細菌、シロアリの腸内に存在し窒素から窒素化合物を生産する細菌などが知られている。

このような窒素固定の機能を有する細菌がパプアニューギニア高地人の消化管に存在し、大気の窒素から窒素化合物を合成し、それが体タンパク質源になっているのではないかと考えたのがバージェンセンであった(Bergensen and Hipsley 1970)。バージェンセンは、パプアニューギニア高地人の糞便から窒素固定能を有する細菌を検出した。比較対照としたオーストラリア人の糞便からは、窒素固定能を有する細菌はわずかしか検出されなかった。

低タンパク質適応を説明する他の可能性は、窒素サルベージと呼ばれる窒素の再利用メカニズムである。私たちの体のなかでは、常に体タンパク質の更新がおこっている。体から排泄される際には、タンパク質は肝臓で尿素という安定的な化学物質に変換される。安定的というのは、私たちの体がもつ酵素では分解されないという意味である。排泄物の特徴として化学的に安定であることは重要なことである。尿素は、尿、便、汗などとともに体外に排出される。尿および汗と一緒に排出された尿素がそのまま環境中に放出されるのに対して、大腸に排出された尿素の一部は、尿素を分解する酵素（ウレアーゼ）をもつ細菌の餌となりアンモニアに変換される。アンモニアはそれを餌とする細菌によってアミノ酸に変換され、再び体内に吸収される。このような窒素の再利用メカニズムが機能していれば、摂取するタンパク質が少なくても、本来であれば排泄される尿素を再利用することによって、必要量の体タンパク質が確保できることになる。

不可避窒素損失量（無窒素食を与えたときに体から排出される窒素量）を測定した研究では、パプアニューギニア高地人の値は比較対象となった日本人、アメリカ人、インド人よりも低いという結果が報告された（Koishi 1990）。栄養学の教科書によれば、多量のタンパク質を摂取すると、過剰分のタンパク質はエネルギーに変換され体外に排出される。しかしながら、パプアニューギニア高地人に多量のタンパク質を摂取してもらう実験では、比較対象になった日本人に比べて、体内にため込むタンパク質量がはるかに多いことも報告された（Koishi 1990）。これらの実験結果が示すことは、パプアニューギニア高地人は、大量にタンパク質を摂取する機会があればそのタンパク質を体内にためこみ、一度ため込んだタンパク質をなるべく体外に出さないような体質を有するということである。

3 腸内細菌の役割

これらの結果の解釈として、パプアニューギニア高地人の低タンパク質適応において腸内細菌叢が中心的な役割を担っている可能性が考えられる。パプアニューギニア高地人は五〜六万年ほど前にサフル大陸（地球全体が寒冷期にあり海水面が低い時期、現在のオーストラリア大陸とニューギニア島が地続きになっていた陸塊）に移住したホモ・サピエンスの子孫であるといわれている。オーストラリア大陸の先住民は工業化する前は狩猟採集民として暮らし、またニューギニア島にもサゴヤシの澱粉採集と狩猟採集によって大部分の食物エネルギーをまかなう半狩猟採集民の集団がおおくみられた。パプアニューギニア高地人も、サツマイモが導入される前は、狩猟採集によって相当量のタンパク質を摂取していたと推測される。低タンパク質適応が成立したのは、おそらく、サツマイモが導入され、その耕作システムが集約化した過去三〇〇年のことである。

腸内細菌は私たちの体の外側に存在しているため（私たちの体はちくわのような構造であり、ちくわの真ん中にある穴が消化管に相当すると考えるとわかりやすい）、体の内側にあるゲノムに比較すれば、相対的に変化しやすいものである。そこで、パプアニューギニア高地人の摂取するタンパク質が次第に減少するなかで、それを補うような機能をもつ細菌が優占するようになったという仮説を考えてみたい。

腸内細菌のさまざまな栄養機能が明らかになったのは近年のことである。ホモ・サピエンスの消化管には一キログラム以上の重さの細菌が生息すると推定されている。細菌は人間が消化・吸収しなかった食物の残渣と人間が消化管に排出した物質、および他の細菌がつくりだした物質を餌としている。私たちが消化・吸収できなかった物質は、細菌によって新しい物質へと作り替えられ、その一部は再び腸管から体内に吸収される。たとえば、現生人類が消化する能力のない食物繊維は、腸内細菌によって短鎖脂肪酸にかえられ、それが私たちの体内に吸収されることで、エネルギー源となるだけではなく免疫系にも影響を及ぼしている。正確にいえば、私たちの糞便とは、私たちが消化・吸収できなかった食物の残渣と私たちが消化管に排泄した物質のうち腸内細菌が利用しなかったものと、腸内細菌が生成した物質のうち私たちが腸管から吸収しなかったもの、そして細菌の死骸のあわさったものである。どのような細菌が消化管に存在するかによって、私たちが消化管から吸収する物質および糞便に含まれる物質の種類と量は大きく異なるであろう。

4 細菌とは

細菌の大きさは〇・〇〇〇五〜〇・〇一ミリメートルで、それよりはるかに小さいウイルスとは異なり、光学顕微鏡でその姿をみることができる。細菌は、明確な核膜をもたない原核生物であり、単細胞である。地球上のバイオマス（生物の重量）の三分の一〜二分の一を占めるといわれ、超高温環境から超高圧環境まであらゆる場所に存在している。生物の消化管、とくに大腸は地球上で細菌が最も高密度で存在する場所である。

細菌には、糖や脂質を酸化してエネルギーを得る、すなわち好気呼吸の能力を有するものと、好気呼吸の能力を有さないものがある。前者には、好気呼吸が生存のために不可欠な好気性細菌と、酸素がある環境では好気呼吸をおこなうものの酸素のない環境では発酵あるいは嫌気性呼吸によってエネルギーを得ることのできる通気性嫌気細菌がふくまれる。好気呼吸の能力を有さない細菌は嫌気性細菌とよばれ、発酵および嫌気性呼吸によってエネルギーを生産する。嫌気性細菌のなかには大気にふくまれる濃度の酸素に暴露するだけで死滅してしまう偏性嫌気性細菌というものもある。

私たちになじみがあるのは、好気性細菌および通気性嫌気細菌である。大腸菌、赤痢菌、コレラ菌などの感染症を引き起こす細菌のほか、乳酸発酵食品の製造につかわれる細菌、整腸剤の原料とされる細菌の多くがこれに該当する。感染症を引き起こす細菌は個体から個体への感染のプロセスでかならず酸素に暴露されるので、大気中の酸素に触れるだけで死滅してしまう偏性嫌気性菌は感染症の原因となりにくい。また、乳酸発酵食品および整腸剤は日常の環境下で製造・販売されるために、そこで使われる細菌にも酸素に暴露しても死滅しないという性質が必要である。

実際に研究の蓄積があるのも、これらの酸素に強い細菌についてである。コレラ菌は一八八三年、チフス菌は一八八〇年、そして赤痢菌は一八九八年に発見されている。これらの細菌が発見された背景には、感染症を引き起こす「バイキン」に対して大きな社会的関心が向けられたことに加えて、それらの細菌が酸素のある環境下でも培養可能であったことも重要であった。

いわゆる乳酸菌など私たちが食品の加工や薬の材料として利用する細菌たちの研究においても、その有用性に加えて酸素があっても死滅しないという特徴が重要であった。これらの細菌は遺伝子が変化して有用な特徴が失われてはいけないので、標準株がつくられ、厳重に管理されている。たとえば、テレビのコマーシャルなどでよく目にする乳酸菌シロタ株（L. カゼイ YIT 9029）は遺伝的な情報が変わらないように管理されていて、常に同じ性能を発揮する状態が保たれている。

地球上でもっとも細菌の生息密度の高い大腸のなかにはほとんど酸素が存在しない。したがって、そこに優占するのは嫌気性の細菌たちである。それらの細菌は培養が難しいこともあって、顕微鏡下では観察されるものの、実際にどのような性質をもっているかは、少なくとも二〇年ほど前まではほとんど知られていなかった。大腸にいる大部分の常在菌は私たちに対して悪さもしないが、とくに良いこともしないものであるという理解が一般的であった。

とはいえ、一部の研究者は、これらの腸内に生息する細菌が私たちの体にさまざまな働きをしている可能性に関心をもっていた。問題は、細菌の種類があまりに膨大なうえに、培養が難しいことであった。一般的に、細菌を培養する際には、それぞれの細菌が増殖するために必要な栄養素を含む培地が使われる。問題は、それぞれの細菌が増殖するためにどのような栄養素を必要とするかを知るためには、培養によって単離された細菌の分析が必要なことである。単離が成功していない細菌の選択培地を作成するためには膨大な試行錯誤が必要である。これまで選択培地が明らかになっている細菌は、地球上に存在する細菌のほんの一部分である。しかも酸素があると死滅するあるいは再生産できない嫌気性細菌の培養には、酸素を含まない大気でみたされた大掛かりな装置が必要であり、適した培地が存在したとしても、培養するのはそれほど簡単なことではない。

この分野の研究において転機となったのは、次世代シークエンサー（遺伝子の塩基配列を高速に読み出す装置）の登場である。ゲノム科学の進展により、生物学では、それまでの形態の観察による種の分類に代わって、ゲノム情報に基づく分類が主流となった。その傾向は、細菌学の分野においては顕著であり、おもに先進国の住民より収集された糞便サンプルを用いて、ヒトの大腸にいる細菌のゲノム情報による再分類が進められた。さらには、ゲノムを解析することにより、それぞれの細菌が有する機能の推測も可能となった。

現在までに、腸内の細菌は「悪さもしないが、とくに良いこともしない」どころか、私たち生物の生存に大きな役割を果たしていることが明らかになりつつある。たとえば、腸内細菌のなかには、私たちの体の中では合成できないアミノ酸（必須アミノ酸と呼ばれる）をつくる能力をもつもの、ビタミンB類を合成するもの、私たちの免疫系に作用する短鎖脂肪酸をつくるものなどが知られている。それらの細菌が腸内に生息し、必須アミノ酸、ビタミンB類、短鎖脂肪酸を合成するとすれば、「大腸は水分を吸収するだけの臓器である」と考えるわけにはいかないだろう。

二〇〇六年に、私たちの常識をゆるがすような研究が発表された。アメリカで一方が肥満、もう一方が肥満ではない双子の成人を探しだし、それぞれの糞便サンプルをネズミの大腸に移植するという研究が実施された(Turnbaugh et al. 2006)。この実験でつかわれたネズミは体内に細菌をもたない(無菌動物と呼ばれる)ものなので、そのネズミにヒトの糞便を移植することで、糞便を採集した個人の腸内細菌叢をネズミの腸内に疑似的に再現することが可能である。この実験では、肥満の個人の糞便を移植したネズミと肥満でない個人の糞便を移植したネズミには同じ餌が与えられた。一般的に、私たちは、肥満の原因は食べすぎと運動不足であると考えている。したがって、身体活動レベルに差がなく、食べるものが同じであれば、個人ごとに体重の増加減少の傾向が異なるはずはない。驚くことに、ネズミをつかったこの実験では、おなじ餌を与えたにもかかわらず、肥満でない個人の糞便を移植されたネズミに比較して、肥満の個人の糞便を移植されたネズミは体重の増加が大きかった。また食べた餌の量と体重増加にも関連がみられなかった。すなわち、肥満の原因には、食べすぎ、運動不足だけでなく、腸内細菌もかかわっている可能性が示唆されたのである。

同じグループによる別の研究も示唆的である(Smith et al. 2013)。アフリカのマラウィで、一方がクワシオコルという成長障害の状態にあり、もう一方が健康な状態にある双子の子どもをみつけて、それぞれの糞便を無菌のネズミの消化管に移植するという実験がおこなわれた。教科書的には、クワシオコルは栄養不足、とくにタンパク質の不足でおこる子どもの成長障害である。したがって、難民キャンプなどでクワシオコルを発症した子供の治療には、必要なエネルギーと栄養素をバランスよく含む「国連食」が与えられる。この研究では、クワシオコルの子供の糞便を移植したネズミと、その健康な双子の糞便を移植したネズミに、マラウィの調査地域における食生活の栄養学的特徴をできるかぎり再現した餌が与えられた。おもしろいことに、同じ餌を与えられたにもかかわらず、クワシオコルの子供の糞便を移植したネズミは体重を大きく減らしたのに対して、健康な子どもの糞便を移植したネズミには体重減少がみられなかった。すなわち、同じ食生活でも、どのような腸内細菌叢をもっているかによって、ある子どもには成長障害がおこり、別の子どもには成長障害が起こらない可能性が示されたのである。

第9章

糞便をあつめる

1　生体試料の収集

医学の領域では、ヒトの尿、便、血液など生体試料に含まれる化学物質の濃度を測定し、それを手掛かりに体の状態を推測することがよく行われている。たとえば、健康診断で評価されるγ-GTP、中性脂肪、ヘモグロビンなどの値は、それぞれ、肝機能、脂質異常症、貧血などの問題を教えてくれる。体の調子を壊し病院で診察を受ける際にも、生体試料が採取され、検査にまわされる。

二〇一〇年にはじめた私たちの調査では、パプアニューギニアのなかの四か所で生体試料の収集をおこなうことにした。そのうちのひとつは、タリ盆地のウェナニである。タリ盆地のなかでは相対的に私が長く調査した場所でもあり、生体試料収集の協力が得られやすいと考えた。もう一か所は、東高地州ゴロカ近郊のイフイファである。ここは、夏原和美さんが長く調査をしたところで、夏原さんの顔を頼んで生体試料を収集させていただくことにした。イフイファのなかには、ゴロカの町で仕事をしている人もおおく、またコーヒー、キャベツ、ニンジンなどの換金作物を市場で売ることによって、ウェナニよりははるかに多くの現金収入を獲得していた。パプアニューギニア高地のなかで、最も近代化していない地域としてはレバニを選んだ。ウェナニ、イフイファ、レバニはいずれもパプアニューギニア高地の調査地であり、イフイファ、ウェナニ、レバニの順に近代化が進んでいる。レバニでは低タンパク質適応という現象がみられるのに対して、近代化したイフイファでは必ずしもそうではないと想定した。パプアニューギニア高地の三か所に加えて、東セピック州のコンビオも対象とすることにした。

この調査を始めるにあたり、パプアニューギニアで調査経験があり、パプアニューギニア国内でひろく話されているメラネシアピジン語を話すことのできる友人の人類学者に応援を頼んだ。糞便を含む生体試料を収集する際には、参加者への丁寧な説明が必要とされるし、また予想されるいろいろなハプニングに対処するのは自分ひとりでは難しいと考えた。協力してくれたのは、夏原和美さん（当時日本赤十字秋田看護大学、現在東邦大学）、小谷真吾さん（千葉大学）、馬場淳さん（和光大学）、田所聖志さん（当時秋田大学、現在東洋大学）である。それぞれの専門とはかけ離れた糞便を集めるという調査に協力してくれたのは、本当にありがたいことであった。

対象とした四か所のなかで、ウェナニとコンビオは私が、イフイファは夏原さんが長く調査した場所であった。対照的に、レバニには何のツテもなかった。したがって、実際の生体試料の収集調査をおこなう前に、何度か現地を訪問し、調査の内容を説明し、参加してくれるようお願いをしておく必要があった。この部分を最初に担当してくれたのは田所さんである。田所さんは、タリで私たちがいつもお世話になる宿を管理している女性団体を通じて、タリ盆地からレバニに向かう途中にあるコロバの町に住む女性グループのリーダーを紹介してもらい、その女性からたどって、コロバからレバニまでの道を案内してくれる男に行き着いてくれた。レバニから戻った田所さんにみせてもらったレバニの写真には、広大な湿地帯とそこにポツポツとみえる家、そしてしっかりした体つきのレバニの男たちが写っていた。人口密度の少なさからいっても、フリの居住地としてはレバニが限界の標高にあるのは間違いない。レバニに入るためには山をひとつ超える必要があるが、その道は石灰岩でできているので雨が降ると滑りやすいという。田所さんは、レバニの人たちに、翌年、便をもらいに皆でやってくると伝えてくれた。おおむね歓迎モードだったという。

二回目は、先に田所さんがレバニに入り、その後に小谷さん、馬場さん、私に加えて、窒素同位体比に着目した研究をおこなう内藤裕一さん（当時東京大）の四人がレバニに向かった。この時は生体試料を採集するための機器・容器を持参したので大荷物だったが、結局は生体試料の採集ができずにおわった。パプアニューギニアにはピジン語でサベマンと呼ばれる人がいる。サベマンには、高校を卒業して町で働いた経験がある、もしくは教会の関係者として町で勉強をした経験のある人がおおい。要するに、教育のないパプアニューギニアの人々が、外資の鉱山会社などにだまされて採掘の権利を安く渡してしまわないように、自分が代表となって交渉をしてあげようという正義感・使命感にあふれる人たちである。私たちがレバニに向かっている途中、このサベマンから「お前たちが、レバニにいくのをやめないなら、仲間たちと襲撃する」という物騒な連絡があった。明らかに何か勘違いをしているのは間違いなかったが、レバニで生体試料を採集してそれを持ち帰る途中で襲撃されても困るので、レバニに到着した後、生体試料を採集する調査は中止にして、指定された話し合いの場所まで戻った。サベマンは、「君たちの目的はレバニに存在する天然ガス資源であろう。誰の許可をえて探索にいくのか」という。「私たちは日本からきた研究者で、パプアニューギニア医学研究所と共同で、腸内細菌と健康の関係を研究している」と説明しても全く信用してくれない。「お前たちが欲しいのはガスだ」といわれたので、「私たちが欲しいのは便だ」と言い返すという漫才のようなやり取りを、延々と続けた。調査の許可証をみせ、これまでの調査経験を話すうちに、私たちが天然ガス資源に興味がないことが明らかになり、最後はサベマンもなんとか納得してくれた。

三回目も、田所さん、小谷さん、馬場さんと私の四人で、レバニに向かった。この時は、夏原さんが発電機のあるコロバの教会で冷凍庫を動かしながら、保冷剤を冷やしておいてくれた。生体試料は速やかに冷凍保存しなければならないので、疲れ果てて帰る私たちからサンプルを受け取り、小分けの容器に分注してすみやかに冷凍するのが夏原さんの役割であった。二回目の調査の時はノミに悩まされたため、小谷さんの発案で、三回目の調査では、自分たちひとりひとりの寝袋に殺虫剤を一本すべて散布するという対策をした。おかげで、ノミにやられることもなく、眠ることができた。それにしても、パプアニューギニア高地の調査では、ノミとの戦いが大変であった。通算すると刺された数は一〇〇〇か所をはるかに超えるとおもう。

二回目の調査のときに、レバニの人々には調査の目的などをしっかり説明していたので、三回目の調査は問題ないだろうと思っていたが、レバニの中心部にある広場で調査の説明をしているときに、案の定、そんな話は聞いていないという男が文句をいいはじめた。男が、「こいつらはレバニの天然ガスを奪いにきたグループだ。皆、だまされるな」と言いながら斧を地面にたたきつけて怒る姿にはすこしたじろいだ。それでも、私たちが天然ガスとは何の関係もない健康科学分野の研究者であることを説明しながら、なんとかその男と応酬をしていると、年配の女性が、「この人たちは私の便をもって帰るのよ、便と天然ガスなんて関係ないじゃない」と言ってくれた。そのおかげで、周りからも笑いがおき、その場はなんとかおさまった。怒っていた男がいなくなったので、調査の説明を再開し、翌日の朝に便を持参してくれる個人のリストを作成した。

2 便をあつめるタイミング

人間とは、起床後、朝食を食べると便意をもよおすものだと思っていた。地下鉄の駅など、朝の時間帯は大便用のトイレが混雑しているし、私自身もそのような生活リズムをもっている。レバニで採便をする際、最初は、容器をひとりひとりに渡し、翌朝、明るくなったら持ってくるようにお願いをした。その時、人々がいうには、「明るくなってからでは遅すぎるので、もっと早い方がいい」。調査を手伝ってくれた若い男性に相談すると、確かに大便は日の出前にするものだという。調査時のレバニの日の出は朝の五時ごろであった。それより前に人々が大便をするとは、私には信じられなかった。翌朝、いわれたとおりに、朝の五時前からスタンバイして人々が便をもってくるのを待った。すると驚いたことに、暗闇のなかから採便カップを手にした人が集まってきたのである。前の日にアドバイスしてくれた人に感謝しつつ、ありがたく便を受け取った（写真9―1）。

提出された大便は、光を通さない小さなビニール袋に入れて、脱酸素剤とともに密閉した。酸素が存在すると生存できない細菌を守るためである。さらに密閉した容器を、たたいて冷やす保冷剤とともに、保冷バッグに入れた。この糞便は、液体窒素で冷却する容器（ドライシッパー）のおいてあるところまで運び、一部は遺伝子を固定できる試薬を加えて冷蔵保存、残りはそのまま容器に入れて急速冷凍した。ドライシッパーは国際航

写真9-1　夜明け前に糞便サンプルを持参してくれた男性（田所聖志撮影）

空運送協会（ＩＡＴＡ）がドライアイスを航空機に積載することを禁止してから使われるようになったサンプル輸送容器で、内側の素材に液体窒素を吸着させることにより、内部に保存したサンプルをマイナス一五〇度で四週間ほど保存することができる。これらの糞便サンプルは、日本の研究室に持ち帰った後、さまざまな実験に用いた。十分量を持ち帰ったつもりであったが、最後は不足するようになり、どうしてもっとたくさんの糞便を持ち帰らなかったのだろうかと後悔したものである。

調査では糞便のほかに、濾紙血、尿、濾紙尿、毛髪も採取させていただいた。濾紙血および濾紙尿を収集するために用いた濾紙は、特別のものである。一定の面積に一定量のサンプルを吸着することが可能であり、サンプルに含まれる化学物質の濃度を定量することができる。生体試料をフィールドで収集する際には、保存の容易さ、持ち運びの簡便さ、参加者の負担の少なさなどを考慮する必要がある。日本の健康診断のように、静脈血を真空採血管で何本もとることは、参加者に負担をかけるし、血液を血清と血餅に分けて冷凍保存するために遠心分離機や電気が必要である。それに対して、濾紙血は、指先に安全穿刺針を刺して、そこからでる血滴を濾紙に落として集めるものである。測定する物質によっては常温保存が可能である。

思い出すのは、パプアニューギニアの人たちの手指がたくましすぎて、細い針を刺しても血滴がなかなかでなかったことである。自分の指で試したときには、ポタポタと血滴がでるので、濾紙血の採取は容易であった。パプアニューギニアの人々、特に男性は指の皮が厚く、細い針を刺したくらいでは全く血滴のでない人が大部分であった。指先に血をあつめるために、指に針を刺す前に手を振りまわしたり、マッサージをして、なんとか二滴か三滴の濾紙血が採取できるという感じであった。インピーダンスの体脂肪計による測定も同様であり、あまりに足の裏がたくましすぎて、体脂肪の測定ができない個人もおおかった。手指をつかって土を掘り、裸足で山道を歩くという生活を忘れた私たちの手足がいかに貧弱になっているかを思い知らされた。

集めたサンプルを予定通り輸送できるかどうかは、いつも心配である。上記のドライシッパーは大きな箱に入っており、あまり見慣れない形をしている。しかも中は液体窒素でマイナス一五〇度に冷えているので、飛行場で中身を確認するから蓋をあけろと命じられて、仕方なく蓋を開けると中から白い煙が噴き出しいかにも危なそうである。あらかじめ航空会社にドライシッパーを飛行機に載せることができることを確認した書類を作成してもらい、事前にカウンターにいって係員に確認をするなど、万全の準備をした。しかし当日、サンプルの入ったドライシッパーを預け荷物にしようとすると、担当の係員が不在で判断がつかないから載せられないなどといわれて、「ニューギニアの人たちが提供してくれた貴重なサンプルを君の権限で無駄にできるのか」

などと演説をして、ぎりぎりで飛行機に載せてもらえるのが常であった。結局は、レバニ、ウェナニ、イフイファ、コンビオで収集したサンプルはすべて日本の実験室に届いたので、諦めなければ世の中なんとかなるものである。

3　低タンパク質適応のメカニズム

パプアニューギニア高地で、糞便サンプルを集める目的は、低タンパク質適応のメカニズムを、腸内細菌の働きに焦点をあてながら検討することである。いまだ全貌の解明にはほど遠いものの、これまでの進捗について以下に説明したい。

1……窒素固定

大気中に存在する窒素は大部分が質量数一四のものである。質量数一五の窒素も存在するが、それはごくわずかである（〇・四％未満）。生物の体に含まれる窒素の源は大気なので、その質量数はおおむね一四である。私たちは、閉じた空間に質量数一五の窒素を充満させ、そのなかで糞便を培養するという実験をおこなった。その糞便に含まれる細菌が窒素固定をすると、その糞便には質量数一五の窒素が取り込まれることになり、糞便に含まれる窒素の同位体比（質量数一五の窒素と質量数一四の窒素の比）は増加することになる。レバニで収集した糞便サンプルをこの実験で検討したところ、すべてのサンプルが質量数一五の窒素を取り込む、すなわち窒素固定をすることが示唆された（Igai et al. 2016）。一方、滅菌処理をしたサンプルでは、このような傾向はみられなかった。

さらに、窒素固定のプロセスで重要な役割を果たす*NifH*という遺伝子が、パプアニューギニア高地人の糞便に存在するかどうかの検討も行った。*NifH*はニトロゲナーゼ還元酵素をコードする遺伝子であり、細菌が*NifH*遺伝子を有することは、窒素固定能を有することの必要条件となっている。データベースを参照しながらの検討をおこなったところ、*NifH*遺伝子をもつクレブシエラ属およびクロストリジウム属と相同性の高い細菌のゲノムおよびその*NifH*遺伝子の代謝産物が確認された。

興味深いのは、このような腸内細菌による窒素固定を示唆する実験結果が、パプアニューギニア高地人の糞便サンプルだけでなく、十分なタンパク質を摂取しているはずの日本人から採取した糞便でも確認されたことである。腸内細菌による窒素固定能は、パプアニューギニア高地人のように普段のタンパク質摂取量の少ない集団だけでなく、十分なタンパク質を摂取している集団にも普遍的に存在する可能性がある。実際、窒素固定能を有する細菌にはさまざまな種類があり、タンパク質の摂取量が十分な個人の腸管にも常在菌として存在している可能性が高い。そのような個人が、何らかの理由によりタンパク質摂取量の不足する状態になると、スタンバイしていた窒素固定菌が機能をはじめ、ヒトのタンパク質栄養に寄与するのではないか。

上記のように、パプアニューギニア高地人の腸内細菌叢に窒素固定能を有する細菌が存在し、固定した窒素を人間に供給する能力があるのは間違いないとしても、私たちの実験結果が示すのは、細菌によって固定された窒素に由来しうるタンパク質は、私たちの体が必要とするタンパク質のわずかに〇・〇一％であるということである。ただし、このデータの解釈には、私たちがパプアニューギニア高地人から糞便サンプルをもらってからの時間経過と、サンプルを冷凍したことによる窒素固定能の低下を考慮する必要もある。日本人の糞便サンプルを用いた実験では、糞便サンプルを採取してからの時間が経過するにともない、窒素固定能は大きく低下することがわかっている。また、私たちの収集した糞便サンプルは、パプアニューギニアから日本に輸送する際に冷凍している。糞便を冷凍させることも、窒素固定能を大きく低下させる。腸内細菌による窒素固定が、パプアニューギニア高地人のタンパク質栄養にどのくらいの寄与をしているかについて、一定の結論をだすためには、さらなる研究が必要である。

2……尿素の再利用

尿素は、私たちが窒素を排泄するための化合物である。私たちの体には尿素を分解する酵素がない。肝臓でつくられた尿素は、腎臓経由で尿の成分として排出されるほか、大腸経由で糞便としても排出される。一九八〇年代に、パプアニューギニア高地人と日本人に質量数一五の窒素でラベルした尿素を経口投与する実験がおこなわれた。タンパク質摂取量の少ない（体重一キログラムあたり〇・五〜〇・六グラムのタンパク質を摂取する）条件では、いずれの集団においても、血清中に質量数一五の窒素が検出され、パプアニューギニア高地人と日本人が体タンパク質プールに取り込んだ尿素の量には差がみられなかった。この結果は、尿素が腸内細菌によってアンモニア、アミノ酸に変換され、大腸から体タンパク質プールに戻る窒素サルベージのメカニズムが機能していることを示唆している。一方、十分なタンパク質（体重一キログラムあたり一・二グラム）を摂取する条件では、日本人では尿素由来の窒素の体タンパク質プールへの取り込みがほとんど消失するのに対して、パプアニューギニア高地人はタンパク質摂取量の少ない条件と変わらない量の尿素由来窒素を体タンパク質プールに取り込むことが報告された。

この実験からわかることは、以下のふたつである。ひとつめは、タンパク質の摂取が不足する状況においては、腸内細菌による尿素の再利用は、パプアニューギニア高地人だけでなく、日本人にもみられることである。もうひとつ、パプアニューギニア高地人では、十分な量のタンパク質を摂取する状況においても、尿素の再利用が継続するということが明らかになった。すなわち、日常的なタンパク質摂取量の少ないパプアニューギニア高地人は、儀礼などでブタを殺して大量の肉を食べる際に、そのタンパク質を効率的に体たんぱく質プールに取り込む何らかのメカニズムを有しているということになる。

私たちのプロジェクトでは、実験室のなかではなく、地域に暮らしている人々を対象に窒素サルベージの個人間変動の要因を検討してみようと考えた。着目したのは、窒素の安定同位体比である。既に説明したように、私たちの周辺環境に存在する窒素は大部分が質量数一四のもので、質量数一五の窒素はわずかに存在しているのみである。質量数一五の窒素と質量数一四の窒素の比を、さまざまな生物で比較すると、植物より動物の方が高いという傾向がみられる。動物のなかでも、生態系のより上位に存在するもの（たとえば、ライオン、クジラなど）は、窒素の同位体比が高い。すなわち、食う—食われるによってつながる食物連鎖の上位にある生物ほど窒素の安定同位体比が高いことが知られている。その背景には、ある生物の食べる物に含まれる窒素同位体比に比べて、その生物の体タンパク質に含まれる窒素同位体比が平均すると三パーミルほど高くなる（濃縮する）という現象がある。

窒素サルベージとは、体タンパク質からつくられた尿素が、腸管内でアンモニア、アミノ酸に変換され、再び体タンパク質プールに戻るという現象なので、窒素サルベージが強く機能している個人では、タンパク質に含まれる窒素が体タンパク質プールに入るところでの窒素安定同位体の濃縮に、腸管から排泄した自分の体タンパク質由来の尿素からつくられたアミノ酸が再び体タンパク質プールに戻るところでの窒素安定同位体の濃縮が加わるのではないかと考えた。したがって、ある個人が食べたものと体タンパク質プールの窒素同位体比の差には、窒素サルベージがどれだけ機能しているかの度合いに応じて個人間差がみられるのではないか。

図９―１は、横軸を毛髪の窒素同位体比（タンパク質摂取量の指標）、縦軸を食べ物と毛髪の窒素同位体比の差とし、レバニの個人の値をプロットしたものである。明確な負の相関関係がみられる。すなわち、動物性のタンパク質の摂取量の少ない人ほど、食べるものと毛髪の窒素同位体比の差が大きい、いいかえれば窒素サルベージが強く機能していることが推測される（Naito et al. 2015）。

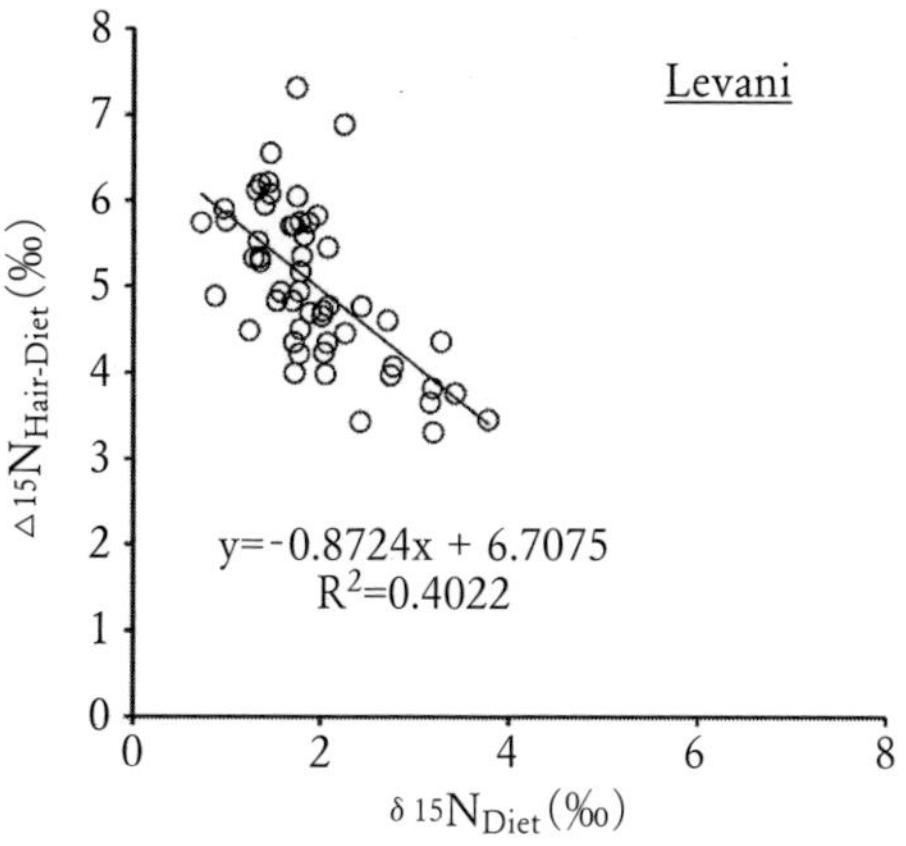

図9-1　尿素の再利用

3……糞便中のアミノ酸濃度

近年の測定技術の発展はめざましい。以前は、一回の測定でひとつの化学物質を測定することが一般的だったのに対して、現在は複数の化学物質を同時に定量化することが可能である。そのなかでもよくつかわれるのが、メタボロミクスという技術である。私たちの体には、ひとつの物質が代謝されて別の物質になる、それがまた代謝されてさらに別の物質になるというネットワークが存在する。このネットワークに含まれる主要な化学物質を定量するのがメタボロミクスである。たとえば、原因不明の疾患にかかっている個人と健康な個人を対象に、メタボロミクス解析の結果を比較すると、その疾病が体のなかのどの代謝経路に影響を与えているかを探索することができる。

私たちは、パプアニューギニアで集めた糞便と日本人の糞便を対象に、このメタボロミクス解析を試みることにした。本来、メタボロミクスは、人間の体のなかでおこる代謝の産物を対象にしたものなので、それが糞便に適用された事例は少ない。パプアニューギニア高地のレバニ、東セピック州のコンビオの村落、東京で採取した糞便をつかったメタボロミクス解析の結果を比較した。おもしろかったのは、糞便に含まれるアミノ酸の濃度である。一番低いのが東セピック州のコンビオの村落で収集した糞便で、レバニと東京で収集したサンプルに含まれるアミノ酸濃度はほぼ同じであった。私たちが食べ物から摂取したタンパク質は、消化されてアミノ酸（あるいはペプチド）となり、主に小腸から体内に吸収される。タンパク質の摂取量が多い場合には、吸収されなかったアミノ酸が糞便に排出されることもある。逆に、タンパク質の摂取量が少ない場合には、ほとんどのアミノ酸は小腸で吸収されるため、糞便に排出されるアミノ酸は少ない。コンビオもタンパク質摂取量の少ない人々であり、そこで収集した糞便サンプルのアミノ酸濃度が、タンパク質をおおく摂取する東京の人の糞便サンプルよりも低いのは予想されたことである。一方、タンパク質摂取量がコンビオよりも少ないレバニの人々の糞便サンプルに含まれるアミノ酸濃度が東京の人の糞便サンプルのアミノ酸濃度と同等であったのは驚きであった。レバニの対象者を、タンパク質の摂取量が必要量の半分にも満たない超不足群と、必要量の半分より多いものの必要量未満のタンパク質しか摂取していない不足群に分けて比較してみると、アミノ酸濃度が高いのは、超不足群の方であった（Tomitsuka et al. 2017）。タンパク質の摂取量が極度に不足している個人の糞便にたくさんのアミノ酸が排出されるとは、常識的にはありえないことである。

4……これまでにわかったこと

ここまで説明したことを考え合わせると、パプアニューギニア高地人のなかでも、ふだんのタンパク質摂取量の少ない個人は、窒素サルベージによる窒素のリサイクルをより集約的に機能させていることが予測される。窒素固定によってつくられたアンモニアも窒素サルベージに取り込まれているのだろう。すなわち、人間が腸管に捨てた尿素と、無機物であり本来であれば人間の栄養には寄与しない窒素が、腸内細菌によってアミノ酸へと作り替えられ、パプアニューギニア高地人の体たんぱく質プールへと取り込まれていると推測される。レバニのなかでもタンパク質の摂取量が極端に少ない個人の糞便にたくさんのアミノ酸が排出されるのは、大腸で腸内細菌によってつくられるアミノ酸が大腸で吸収するキャパシティーより多いからであろうか。窒素サルベージそのものは、日本人のように普段から十分なタンパク質を摂取している人でもみられるものであるが、パプアニューギニア高地では、それがより強く働いているようにみえる。

4 細菌叢の特徴

パプアニューギニア高地人の腸内細菌叢と日本人の腸内細菌叢には大きな違いがみられる。たとえば、日本人の腸内細菌叢には一般的にみられるビフィドバクテリウム属およびバクテロイデス属の細菌は、パプアニューギニア高地人の糞便からはほとんどみつからない。一方で、プリボテラ属の細菌はパプアニューギニア高地人の糞便に含まれる細菌の三〇％以上を占めるのに対して、日本人の腸内には少ない。

ただし、このような違いがみられるのは、パプアニューギニア高地人と日本人の間に限ったことではなく、食物繊維を多く含む食生活をもつ人々の腸内細菌叢には、一般的にプリボテラ属の細菌がおおく、西洋化した食生活をもつ人々の腸内にはバクテロイデス属の細菌が多いことが知られている。したがって、イモ類、トウモロコシ、コメなどを主食とし、肉や魚よりは野菜を副菜にする集団では、パプアニューギニア高地人と同じようにプリボテラ属の細菌がおおくみつかる。一方、肉や乳製品などを多く摂取する集団ではバクテロイデス属がおおくみられる。集団の腸内細菌叢の特徴を評価するには、属の下位分類である種、さらにその下位分類である系統（strain）レベルでの解析が必要である。

私たちに糞便を提供してくれたパプアニューギニア高地の人々については、食物摂取頻度調査票をつかって、個人ごとのタンパク質摂取量を推定させてもらった。この食物摂取頻度調査票は、パプアニューギニア高地人のタンパク質摂取量を推定するためだけに、私たちのグループが開発し、その妥当性を評価したものである(Morita et al. 2015)。まず、パプアニューギニア高地人にとってタンパク質摂取量の寄与の大きい食品リストを作成し、それぞれの食品ごとに摂取頻度と、一回あたりの摂取量を聞き取ることによって、個人レベルのタンパク質摂取量を推定した。このようにして推定した個人のタンパク質摂取量と強い関連をもつ細菌はプリボテラ・コプリであった。この菌は、パプアニューギニア高地人のなかでもタンパク質の摂取量の少ない個人に多く、タンパク質の摂取量の多い個人では少ない。近年、健康との関係で注目されている細菌で、たとえば、リュウマチの患者さんの腸内細菌叢におおいという報告があるほか、腸内に存在することで、糖尿病を予防する効果があるとも、糖尿病を悪化させる効果があるともいわれる。さらには自閉症の子どもの腸内には特異的に少ないという報告もある。同じプリボテラ・コプリでも、系統によってホストに与える影響が異なる可能性も明らかになっており、パプアニューギニア高地人の低タンパク質適応に、この細菌がどのようなかかわりをもつのか、もしくは何のかかわりももたないのかは、現段階では不明である。

次世代シーケンサーの性能が向上したことで可能になったメタゲノミックスの手法をつかうと、腸内の細菌構成だけでなく、機能遺伝子の構造を評価することができる。生物は進化のプロセスで、いろいろな新しい能力を獲得し、またいろいろな能力を失ってきた。例えば、私たちがもつ「酸素呼吸をする」という能力は、地球上の膨大な数の生物に共有されており、酸素呼吸をする動物はその能力をコードする共通の機能遺伝子を有している。人間と細菌のゲノムに共通してみつかる遺伝子は、人類と細菌の共有祖先が既に獲得していた機能をコードするものであると考えることができる。したがって、腸内細菌叢の評価をする際に、それぞれの細菌を分析の単位とする構造評価とならんで、機能遺伝子を分析の単位とした構造評価が可能である。この手法で、レバニの人々の腸内細菌叢を解析したところ、世界のほかの集団に比較して、窒素化合物を分解／生合成する機能をもつ遺伝子が、顕著におおいことがわかっている。

終章

1 幸せな学問

かつて、アメリカのアリゾナ州にバイオスフィア2という施設がつくられ、密閉空間の人工生態系における人類の持続的生存の実験が行われた。バイオスフィア2のなかには、動植物が持ち込まれ、農耕、牧畜によって食料と水分、酸素など人類の生存に必要なものの自給自足が試みられた。当初一〇〇年間継続される予定であったこの実験は、残念ながら最初の二年ほどで中止になったそうである。大気の酸素と二酸化炭素の濃度が安定せず、十分量の食料を持続的に生産できなかったのが主たる理由だといわれている。閉鎖空間でともに暮らすメンバーの関係を良好に保つことも難しかった。バイオスフィア2に持続可能な人工生態系をつくることの本源的な困難さは、それにまつわる科学的知見の不足にある。個々の生物についての知見さえ不十分ななかで、生物と生物の相互作用、生物と無機環境の相互作用を包括的に予測することは、直感的に考えて現代科学の手に余ることだと感じる。

バイオスフィア2における研究と生態人類学の研究は、いずれも人類の生存システムについての研究であるという共通点がある。しかし一方で、バイオスフィア2では、現代科学の知見をつかって持続可能な生存システムの設計をすることを目標にするのに対して、生態人類学は、すでに存在する人類の生存システムの記述分析を主たる目的とするところに、大きな違いがある。バイオスフィア2の科学者が、知見の不足を自覚し、不安を抱えながら生存システムの設計をしなければならないのに対して、生態人類学者は目の前にある生存システムを対象に、その中身を明らかにすればよい。わからないことを質問すれば教えてくれる人もいるし、サンプルをあつめて実験室で分析してみてもいい。もちろん、実感として、人類の生存システムは複雑であり、調査をすればそれが明らかになるというのはナイーブすぎる前提ではあるものの、研究する生存システムがそこに存在するということだけでも、生態人類学というのはとても幸せな学問なのだとおもう。

私がフリの人々に教えてもらったのは、在来知に裏打ちされた持続的なサツマイモ耕作の方法、飼養するブタを交換財として用いる社会ネットワークの維持、ポートモレスビーの移住者集落という分集団が果たす安全弁機能、さらには腸内細菌叢による低タンパク質適応の仕組みである。それらはフリの生存システムを構成する要素であり、人々の持続的な生存に一定の寄与をしてきたであろう。

産業革命以降の経済発展、技術革新とともに進展してきた現代科学は、人間の生存、人間以外の生物の生存、そして地球上の無機的な環境をできるだけコントロールすることを目標にしてきたように思う。心臓が止まれば電気的に動かし、人間の体に感染した細菌は化学的に排除し、工学的に製造した肥料で作物の生産性を増加させ、水路や水道管、排水管の建設によって水の流れを改変してきた。産業革命が目標としてきたことを念頭においてフリの生存システムを評価するならば、そこにはいろいろな「問題」があることになる。たとえば、フリのサツマイモ耕作は現代農業に比べると非効率で生産性が低いという評価を受けるだろうし、タンパク質摂取量は栄養学の推奨する必要量に比べてまったく不足した状態にある。ブタを何年も飼養することは、食肉の生産効率を大きくさげる行動である。警察が十分に介入しないために、部族間戦争が起こるたびに人が死ぬことを問題視する考え方もあるだろう。

国際協力・国際援助は、為政者にとっては外交戦略のひとつでありながら、その実践にたずさわる個人にとっては、現代科学の恩恵をうける先進国とそうでない途上国の間に存在する格差を埋める正義のための行動であろう。パプアニューギニア高地においても、さまざまな国際協力・国際援助の活動が行われており、サツマイモ耕作にかわる農業としての稲作の導入、ウシ、ヒツジ、ヤギなど草本を餌とする家畜の導入、養鶏の導入、警察の能力向上プログラムの実施などがこれまでに試みられている。確かに、サツマイモがコメに置き換われば、単位面積当たりのタンパク質の生産性は飛躍的に増大するだろう。人間と食料資源の競合するブタよりも、ウシ、ヒツジ、ヤギの方が食肉生産のコストが少なくてすむのは間違いない。強い警察がタリ盆地を管理すれば、部族内戦争で死ぬ人は減るのかもしれない。しかし一方で、このような介入は、バイオスフィア2と似たような問題を抱えており、それぞれの介入がフリの生存システム全体にどのような影響を及ぼすかは予測が難しい。私の調査結果にひきつけていえば、サツマイモ耕作を稲作に転換することで、サツマイモ耕作を支えてきた在来知は消滅し、植生への介入行動にも変化がみられることになるだろう。人々がサツマイモのかわりにお米を食べるようになると、低タンパク質適応に対応してきた細菌のなかには絶滅するものも多いだろう。さまざまな介入によって、最終的にどのような適応システムが成立するかを予測するのは難しいし、それが持続的なものかどうかもわからない。

2 腸内細菌叢と人類の適応

これまで、人類の生存システムを構成する要素として注目されてきたのは、遺伝的な適応と文化的な適応であり、腸内細菌の役割が想定されることはほとんどなかった。しかしながら、パプアニューギニア高地の研究をすすめるなかで、ホモ・サピエンスが地球上のそれぞれの環境での生存を可能にする適応システムを成立させるプロセスで、その腸内には栄養学的な問題を緩和するような細菌叢が形成されてきたのではないかと考えるようになった。前に説明した通り、ホモ・サピエンスは、自分が進化したのとは異なる生態系で生存するにあたり、特定の栄養素が不足する食生活を選択せざるをえない状況に直面することも少なくなかったであろう。毒を含む食べ物、消化できない物質を含む食べ物を摂取することもあったに違いない。そのような食生活で生存するために、下ごしらえ、加熱、貯蔵などの文化的適応に加えて、消化管内の細菌生態系が一定の役割を果たしたとしても不思議ではない、というのが本書の主張である。

細菌の側からみれば、大腸は、そこに存在するだけで生存のための餌が自動的に提供される環境である。たくさんの細菌が大腸に定着することを試み、細菌種同士の絶え間ない生存競争を経て、細菌生態系が形成されていく。たとえば、パプアニューギニア高地人のように、サツマイモの摂取量がおおく、タンパク質の摂取量の少ない個人の大腸には、大量の食物繊維が届く一方で、タンパク質、ペプチド、アミノ酸などはほとんど届かないと考えられる。タンパク質源として使える可能性があるのは、窒素とヒトが腸管に排泄する尿素くらいのものであり、そこには窒素や尿素を餌にして生きる細菌のためのニッチが存在しただろう。また、尿素の再利用および窒素固定によりタンパク質源を提供できる細菌はホストの適応度をあげることで、みずからの適応度をあげることができたのだと思う。

私が二〇一六年ごろからはじめたラオス北部の山岳地帯に暮らす少数民族の研究では、野生可食植物の摂取と腸内細菌叢の関係が興味の対象である。この地域では、焼畑によるモチ米の耕作と、野生可食植物の採集、小動物の狩猟が主たる生業となっている。採集の対象となる野生可食植物は二〇〇種類以上あり、調査に参加した植物分類学者によれば日本では毒草に分類されるものがたくさん含まれているという。そもそも植物には、動物からの食害を避けるために、苦く、えぐい、非栄養性の生理活性物質（ファイトケミカルと総称される）が含まれている。ファイトケミカルのなかには、抗酸化活性、抗炎症作用、アポトーシス誘導作用をもつものがあり、このような生理活性物質を日常の食生活で大量に摂取することが、人々の健康にどのような影響を及ぼしているかを明らかにすることに関心がある。研究は途上であり、全貌は明らかではないが、ファイトケミカルの大量摂取に対応するような腸内細菌叢が人々の消化管に存在し、ことによるとファイトケミカルの毒性成分を解毒しているのかもしれない。

もうひとつの計画は、インドネシアのスンダ農民の腸内細菌叢の特徴の解明である。スンダの食生活は、コメの大量消費に特徴がある。スンダ人は生野菜を好むというイメージがあるものの、実際の食事調査の結果によれば、私たちの調査村では摂取エネルギーのほとんどがコメ由来であり、わずかな塩魚が副食として食べられていた。コメを多食する人類集団の腸内細菌にはどのような特徴があるのだろうか。

それぞれの人類集団が、自分たちの生存に都合の良い細菌を大腸のなかにもっていたとすれば、それはドメスティケートされた家畜と似たような存在であるといえないだろうか。体の大きさは違うものの、人間の消化できないセルロースを多く含む草を食べて肉や乳を生産するウシやヒツジ・ウマを飼育することと、消化されずに大腸にやってきたセルロースを短鎖脂肪酸というエネルギー源・免疫系における重要な物質に変換する細菌をもっていることは基本的には同じことである。私たちが食べることのできない残飯や人糞を食べて肉を生産することのできるブタを飼育するのと、私たちが消化できない尿素という排せつ物を餌にしてアンモニア、さらにそこからアミノ酸を合成する細菌を大腸にもつことも同じことのようにみえる。

ドメスティケートされた家畜と大腸に存在する細菌叢との違いは、前者がおそらく人間が意図的に、少なくとも存在を認識したうえでドメスティケートした生物であるのに対して、後者が人間の意図とはまったく関係なく腸管内に形成された生物群集だということである。これまでのドメスティケーションにかかわる議論では、暗黙のうちに、人間の「希望」が前提とされていたとおもう。おいしい肉を生産する家畜が欲しい、繊維質の少ない果実をつける樹木が欲しい、おいしい葉をつける草本が欲しいなど、ドメスティケーションのプロセスには人間の「希望」が反映されている。一方で、人間の大腸に存在するようになった腸内細菌叢は、人間の栄養ストレスを緩和する機能を有するとしても、それが成立するまでのプロセスには人間の「希望」は反映されていない。

その帰結として、ドメスティケートした腸内細菌叢と共生しているという自覚を人間がもっていないことが問題である。強力な抗生物質を摂取することで無差別に細菌を殺したり、手洗い・消毒を徹底して環境からの細菌の暴露を減らしたり、ドメスティケートした細菌の生存に必要な食物繊維の摂取量を減らしたりしたことで、とくに産業革命以降の近代化のプロセスでは私たちの大腸では細菌の大量絶滅が起こっているだろう。このような細菌の大量絶滅と、現代社会になって増加してきたさまざまな健康問題（花粉症、認知症、うつ病、肥満、糖尿病など）には関連があるのではないかと考える研究者もいる。

近年、話題となっている「プロバイオティクス」（望ましい性質をもつ細菌を健康食品あるいは薬品として経口摂取する）および「プレバイオティクス」（増殖してほしい細菌の餌となるものを経口的に摂取する）という考え方は、おそまきながら人間が腸内細菌叢の重要性を理解して、その保全にとりくみはじめた行動と考えることができる。しかしながら、現代社会という環境で生存するために、どのような腸内細菌叢が理想的なのかについてはまだ未解明であり、現在の科学で指南される「プロバイオティクス」および「プレバイオティクス」の方向が本当に「望ましい」のかは不明である。

これから腸内細菌にかかわる研究が進めば、世界のさまざまな人類集団で栄養ストレスに対応して成立した腸内細菌の特徴が明らかになり、たとえば、筋肉量の減少に悩む高齢者向けの「ニューギニア高地人細菌叢」、成長障害に悩む子ども向けの「マラウイ細菌叢」となどが商品化されるかもしれない。そういう状況が一般化すれば、私たちの腸内細菌叢がドメスティケートされた存在であるという、筆者の主張も受け入れられるのではないかとおもう。ただし、生活習慣の西欧化が人類全体に急速に浸透していることを考えれば、そのような商品化が実現するまえに、それぞれの人類集団が長い時間をかけてドメスティケートしてきた細菌叢が絶滅してしまう可能性もある。

タリ盆地におけるサツマイモの集約的な栽培を基本とする適応システムには、タンパク質の摂取量が不足するという問題が内在していた。その問題を緩和する役割を果たしていたのが、タリ盆地の人々に特徴的な腸内

写真終-1　かつて洗骨した骨を安置した鍾乳洞に頭蓋骨を並べる

細菌叢であったとすれば、これまでの、あるいは今後の腸内細菌叢の変化は、タリ盆地に暮らす人々の適応システムの持続性に影響する大問題であるともいえる。人々の適応システムに直接的な影響を与える気候変動や病害虫の増加などと異なり、腸内細菌の変化は、抗生物質の摂取や、購入食品の摂取など、一見、人間の生存に害がないどころか、健康によい影響を与えると考えられている変化によって引き起こされる点がポイントである。腸内細菌叢が適応システムの重要な要素であるという本書の主張が、タリ盆地以外の人類集団においてどの程度の普遍性をもつかはわからないが、これまでにいろいろな地域で観察された適応システムの崩壊の事例について、腸内細菌叢の変化が影響した可能性を再検討することには研究としての意味があるとおもう。また、国際協力・国際援助のフレームワークのなかで世界のいろいろな場所ですすめられている新しい適応システムの人為的な設計プロセスにおいても、腸内細菌叢の役割を考慮することは重要になっていくだろう（写真終―1）。

謝辞

二〇二三年の一月に、新宿の紀伊國屋書店のアカデミック・ラウンジという空間で、「ヒトはなにと共生してきたのか」というテーマのトークイベントがあった。そこで話をするために、共生という概念について改めて考えてみた。最初に私の頭に浮かんだのは、強い人間が弱い他の生物のことを思いやりながら共に生きていこうというイメージだった。たとえば、奥多摩のブナ林との共生、北海道でのヒグマとの共生など、人間がその力を加減してつかうことで、ほかの生物の生存を尊重しようというような関係である。ウシやブタなどの家畜の飼育環境を見直そうという世の中の動きも同じイメージだと思う。このような人間と他の生物の「共生」関係には、ほかの生物に比べて人間が圧倒的に大きな力をもつこと、それを背景にした傲慢さが感じられる。

私がパプアニューギニア高地で観察した人間と他の生物の「共生」の様子はすこし異なるものだった。たとえば、人間とブタの関係である。人々は手間暇をかけてブタを育てるが、その背景にはブタがいなければ人付き合いがなりたたない、おいしい肉が食べられないという利己的な考え方が存在する。わざわざゆでたサツマイモをブタに食べさせるのは、ブタにおいしいものを食べさせようと考えているわけではなく、そうすればブタがよく育つからである。天候不順でサツマイモが不足した時に、ブタに優先的にサツマイモを与えるのは、そうしないとそれまで苦労して育てたブタが死んでしまうことを恐れるからだろう。ブタの立場にたてば、交換財としてあちこちの飼い主を転々とさせられ、最後には殺されて食べられてしまうかわりに、日々の餌と安全が保障されるというメリットがある。なんといっても、人間は生産するサツマイモの半分以上をブタの餌として提供してくれるのである。人間とブタには、両方によってメリットのある関係性が成立しているようにみえる。お互いが利己的にふるまうなかで形成された「共生」の関係は、非常に安定的なものである。外部から農村開発計画で、パプアニューギニア高地にウシを導入しても、こういう強固な共生関係はすぐには形成されないだろう。ともに過ごした時間の長さが重要なのだと思う。

私がこの本を書いて考えたのは、人間と生物の「共生」というものは、本来、それぞれが利己的にふるまうことによって形成された安定的な関係だったということである。現代社会における人間と生物の関係には、人間が力を持ちすぎたこともあり、生物側が利己性を主張する余地が失われている。それは、人間と生物の付き合い方を不安定なものにするひとつの原因ではないだろうか。

おそらくは人間があまり関心をもってこなかったゆえに、腸内細菌と人間には、利己的な共生関係が維持されていると思う。パプアニューギニア高地の人々は、サツマイモを主食としており、タンパク質の摂取量が不足した状態にある。その大腸には、無機物の窒素や人間が大腸に排泄した尿素を餌とする細菌が存在する。これらの細菌は自分たちが生きるために窒素や尿素を食べ、アンモニア、さらにはアミノ酸を排泄する。人間側はそのアミノ酸を吸収して筋肉の材料とする。人間と細菌が利己的にふるまうなかで、たまたま両者に都合の良い関係ができたとすれば、人間と腸内細菌の関係は、まさに本来の共生関係なのだろう。

ここのところ、腸内環境、腸活、プロバイオティックスなど、腸内細菌をターゲットとした健康行動が大はやりである。これは、人間が腸内細菌をコントロールする、すなわち共生関係を破壊する行為にもみえる。これから人間は腸内細菌を家畜化し、その完全なコントロール下においていくのだろう。長い目でみて、それが両者の共生関係を安定的ではないものにするのではないかという直感がある。

パプアニューギニアの生態人類学研究のパイオニアであり、私の大学院時代の指導教員である大塚柳太郎さんには、パプアニューギニアの調査・研究のあらゆる場面において、言葉では説明できないほどお世話になった。大塚柳太郎さん自身が、オリジナリティー第一の人だったので、私も先行研究でやられていないことをやろうと思いながら、なんとか研究を続けることができている。大塚柳太郎さんが率いたパプアニューギニア調査にはさまざまなメンバーが参加したが、そのなかでも、口蔵幸雄さん、稲岡司さん、須田一弘さん、中澤港さん、山内太郎さん、小谷真吾さん、夏原和美さん、安高雄治さんとは、同じ時期にパプアニューギニアで調査をしたこともあり、多くの場合はビールを飲みながらのパプアニューギニア調査談義で鍛えていただいた。

腸内細菌叢の研究を始めてからは、糞便の採取という困難な調査に、田所聖志さん、馬場淳さん、小谷真吾さん、夏原和美さんのサポートをうけた。パプアニューギニアから持ち帰った糞便サンプルなどの生化学実験は冨塚江梨子さんが、窒素固定菌の検出・窒素固定能にかかわる実験は猪飼桂さんが担当した。食物摂取頻度調査票の開発およびプロジェクト運営には森田彩子さんの尽力があった。大和田昌代さんには膨大な事務作業を担当していただいた。

腸内細菌叢の研究では、私自身がなじみのない実験室内での仕事が重要であったため、東京大学大学院新領域創成科の服部正平先生、須田亙先生、東京大学大学院農業生命科学研究科の平山和宏先生、東北大学の南澤究先生の研究室には共同研究でお世話になった。ヤクルト中央研究所には糞便サンプルのプロトコルを提供していただき、YIF-SCANによる細菌叢解析を実施していただいた。株式会社明治には、現在進行中の無菌動物実験で大きな協力をいただいた。パプアニューギニア医学研究所のピーター・シバ所長、アンドリュー・グリーンヒルさん、ポール・ホーウッドさん、グウェンダリン・バンギャウさんには、糞便採取調査の際に多大な支援をいただいた。

このモノグラフを含む「生態人類学は挑む」シリーズの刊行は掛谷誠先生のご遺族からの寄付によって可能となったものである。海南島での調査をご一緒させて以来のおつきあいである篠原徹さんは大塚柳太郎さんとのコンビで、シリーズ刊行に尽力いただいた。生態人類学という分野の重要性を理解いただき、本シリーズを刊行していただいた京都大学学術出版会の大橋裕和さんにも御礼を申し上げたい。

初出一覧

梅﨑昌裕(二〇〇七)「パプアニューギニア高地農耕の持続性をささえるもの——タリ盆地における選択的植樹と除草」河合香吏編著『生きる場の人類学——土地と自然の認識・実践・表象過程』京都大学学術出版会(第三章)

梅﨑昌裕(二〇一三)「パプアニューギニア高地の食品成分表」『ヴェスタ』九一:六六—六九(第四章)

梅﨑昌裕(二〇一三)「クムはおふくろの味——葉野菜の水煮」『ヴェスタ』八九:四四—四八(第四章)

梅﨑昌裕(二〇一二)「パプアニューギニア高地のブタ」『ヴェスタ』八六:六二—六五(第四章)

梅﨑昌裕(二〇一二)「パプアニューギニア高地のサツマイモ」『ヴェスタ』八五:六六—六九(第四章)

梅﨑昌裕(二〇〇二)「高地——人口稠密なフリを襲った異常な長雨」大塚柳太郎編著『ニューギニア——交錯

する伝統と近代』京都大学学術出版会、一六七—二〇三頁（第五章）
梅﨑昌裕（二〇〇九）「昨日の友は今日の敵——パプアニューギニア高地・フリの社会」河合香吏編著『集団——人類社会の進化史的基盤』京都大学学術出版会、一七一—一七九頁（第六章）
梅﨑昌裕（二〇二一）「意図せざるドメスティケーション——人類と細菌のかかわりを手がかりに」卯田宗平編『野生性と人類の論理——ポスト・ドメスティケーションを捉える4つの思考』東京大学出版会、二七〇—二八三頁（終章）
井原泰雄・梅﨑昌裕・米田穣編著（二〇二一）『人間の本質にせまる科学——自然人類学の挑戦』東京大学出版会（終章）
梅﨑昌裕（二〇二一）「人類の栄養適応——腸内細菌はどう寄与したか」池谷和信編『食の文明論——ホモ・サピエンス史から探る』農文協、三二八—三四七頁（終章）

参考文献

大塚柳太郎（一九九三）「人口からみた適応像」大塚柳太郎・片山一道・印東道子編『島嶼に生きる』東京大学出版会、二四一—二五三頁

梅﨑昌裕（二〇〇四）「環境保全と両立する生業」篠原徹編著『中国・海南島——焼畑農耕の終焉』東京大学出版会、九七—一三五頁

Bergensen H. J. and Hipsley E. H. 1970. “The Presence of N2-fixing Bacteria in the Intestines of Man and Animals,” *Journal of General Microbiology* 60(1): 61-65.

Denham T. P. 2003. “Origins of Agriculture at Kuk Swamp in the Highlands of New Guinea,” *Science* 301(5630): 189-193.

Feil D. K. 1987. *The Evolution of Highland Papua New Guinea Societies*. Cambridge University Press.

Greenhill AR, Tsuji H, Ogata K, Natsuhara K, Morita A, Soli K, Larkins JA, Tadokoro K, Odani S, Baba J, Naito Y, Tomitsuka E, Nomoto K, Siba PM, Horwood PF, Umezaki M. 2015. “Characterization of the gut microbiota of Papua New Guineans using reverse transcription quantitative PCR,” *PLOS ONE*. DOI: 10˙1371/journal.pone.0117427

Haberle S. 1991. *Ethnobotany of the Tari Basin*. Biogeography and Geomorphology Department RSPAS Australian National University Canberra Australia.

Haberle, S. G. 1998. “Late quaternary vegetation change in the Tari basin, Papua New Guinea,” *Palaeography Palaeoclimatology Palaeo-ecolopgy* 137: 1-24.

Hongo T, and Ohtsuka R. 1993. “Nutrient composition of Papua New Guinea-foods,” *Man and Culture in Oceania* 9: 103-125.

Igai K, Itakura M, Nishijima S, Tsurumaru H, Suda W, Tsutaya T, Tomitsuka E, Tadokoro K, Baba J, Odani S, Natsuhara K, Morita A, Yoneda M, Greenhill AR, Horwood PF, Inoue J, Ohkuma M, Hongoh Y, Yamamoto T, Siba PM, Hattori M, Minamisawa K, Umezaki M. 2016. “Nitrogen fixation and nifH diversity in human gut microbiota,” *Scientific Reports* 6: 31942 | DOI: 10˙1038/srep31942.

Koishi H. 1990. “Nutritional adaptation of Papua New Guinea highlanders,” *European Journal of Clinical Nutrition* 44: 853-885.

Kuchikura Y. 1999. "The cost of diet in a Huli community of Papua New Guinea: A linear programming analysis of subsistence and cash earning strategies," *Man and Culuture in Oceania* 15: 65-90.

Miyoshi H., Okuda T., Fujita Y., Ichikawa M., Kajiwara N. M., Miyatani S., Alpers M., and Koishi H. 1986. "Effect of dietary protein levels on urea utilization in Papua New Guinea Highlanders," *Japanese Journal of Physiology* 36: 761-771.

Morita A, Natsuhara K, Tomitsuka E, Odani S, Baba J, Tadokoro K, Igai K, Greenhill A, Horwood P, Soli K, Phuanukoonnon S, Siba P, Umezaki M. 2015. "Development, validation, and use of a semi-quantitative food frequency questionnaire for assessing protein intake in Papua New Guinean Highlanders," *American Journal of Human Biology* 27: 349-357.

Naito Y, Morita A, Natsuhara K, Tadokoro K, Baba J, Odani S, Tomitsuka E, Igai K, Tsutaya T, Yoneda M, Greenhill A, Horwood P, Kevin S, Phuanukoonnon S, Siba P, Umezaki M. 2015. "Association of protein intakes and variation of diet-scalp hair nitrogen isotopic discrimination factor in Papua New Guinea Highlanders," *American Journal of Physical Anthropology* 158: 359-370.

National Statistical Office. 2002. *Papua New Guinea 2000 Census: National Report*. National Statistical Office Port Moresby.

Ohtsuka R. and Suzuki T. (eds.) 1990. *Population Ecology of Human Survival: Bioecological Studies in the Gidra in Papua New Guinea*. University of Tokyo Press.

Oomen, H. A. 1961. "The nutrition situation in western New Guinea," *Tropical and Geographical Medicine* 3: 321-335.

Oomen, H. A. P. C. 1970. "Interrelationship of the human intestinal flora and protein utilization," *Proceedings of the Nutrition Society* 29(2): 197-206.

Powell J. and Harrison S. 1982. "Haiyapugwa: Aspects of Huli Subsistence and Swamp Cultivation," *Department of Geography Occasional Paper* 1. University of Papua New Guinea.

Smith M. I., Yatsunenko T., Manary M. J., Trehan I., Mkakosya R., Cheng J., Kau A. L., Rich S. S., Concannon P. Mychaleckyj J. C., Liu J., Houpt E., Li J. V. Holmes E., Nicholson J., Knights D., Ursell L. K., Knight R., and Gordon J.I. 2013. "Gut microbiomes of Malawian twin pairs discordant for kwashiorkor," *Science* 339(6119): 548-554.

Tomitsuka E, Igai K, Tadokoro K, Morita A, Baba J, Suda W, Greenhill AR, Horwood PF, Soli KW, Siba PM, Odani S, Natsuhara K, Morita H, Umezaki M. 2017. "Profiling of faecal water and urine metabolites among Papua New Guinea highlanders believed to be adapted to low protein intake," *Metabolomics* 13: 105.

Turnbaugh P. J., Ley R. E., Mahowald M. A., Magrini V., Mardis E. R. and Gordon J. I. 2006. "An obesity-associated gut microbiome with increased capacity for energy harvest," *Nature* 444: 1027-1031.

Umezaki, M., Yamauchi, T., and Ohtsuka, R. 1999. "Diet among the Huli in Papua New Guinea Highlands when they were influenced by the extended rainy period," *Ecology of Food and Nutrition* 37: 409-427.

Umezaki, M., Kuchikura, Y., Yamauchi, T., and Ohtsuka, R. 2000. "Impact of population pressure on food production: an analysis of land use change and subsistence pattern in the Tari basin in Papua New Guinea Highlands," *Human Ecology* 28: 359-381.

Umezaki, M., Natsuhara, K., and Ohtsuka, R. 2001. "Protein content and amino acid scores of sweet potatoes in Papua New Guinea Highlands," *Ecology of Food and Nutrition* 40: 471-480.

Umezaki, M. and Ohtsuka, R. 2002. "Changing migration patterns of the Huli in Papua New Guinea Highlands: A genealogical-demographic analysis," *Mountain Research and Development* 22: 256-262.

Umezaki, M., Yamauchi, T., and Ohtsuka, R. 2002. "Time allocation to subsistence activities among the Huli in rural and urban Papua New Guinea," *Journal of Biosocial Science* 34: 133-137.

Umezaki, M. and Ohtsuka, R. 2003. "Adaptive strategies of Highlands-origin migrant settlers in Port Moresby, Papua New Guinea," *Human Ecology* 31: 3-25.

Umezaki M, Naito IY, Tsutaya T, Baba J, Tadokoro K, Odani S, Morita A, Natsuhara K, Phuanukoonnon S, Vengiau G, Siba MP, Yoneda M. 2016. "Association between sex inequality in animal protein intake and economic development in the Papua New Guinea Highlands: the carbon and nitrogen isotopic composition of scalp hair and fingernail," *American Journal of Physical Anthropology* 159: 164-173.

Ray B. 2006. "Elementary schools help to nurture 830 Melanesian languages," *Papua New Guinea Yearbook 2006*. pp. 144-148.

Yamauchi T. Umezaki M. and Ohtsuka R. 2000. "Energy expenditure physical exertion and time allocation among Huli-speaking people in the Papua New Guinea Highlands," *Annals of Human Biology in press*.

Wood A. W. 1985. "The Stability and Permanence of Huli Agriculture," *Department of Geography Occasional Paper No.5 (New series)*. University of Papua New Guinea.

【わ】

【は】

【ま】

【や】

【ら】

【た】

【な】

【さ】

索引

著 者 紹 介

梅崎昌裕　(うめざき　まさひろ)

東京大学大学院教授。東京大学大学院医学系研究科国際保健学専攻修了、博士(保健学)。専門は人類生態学。主な著作に、『人間の本質にせまる科学――自然人類学の挑戦』(共編、東京大学出版会、2021年)などがある。

生態人類学は挑む　MONOGRAPH 9
微生物との共生
――パプアニューギニア高地人の適応システム

2023年4月15日　初版第一刷発行

著 者　梅 﨑 昌 裕
発行人　足 立 芳 宏

京都大学学術出版会
京都市左京区吉田近衛町69番地
京都大学吉田南構内(〒606-8315)
電 話 (075) 761-6182
FAX (075) 761-6190
Home page http://www.kyoto-up.or.jp
振 替 01000-8-64677

ISBN978-4-8140-0460-7
Printed in Japan

ブックデザイン　森　華
印刷・製本　亜細亜印刷株式会社
定価はカバーに表示してあります

混迷する21世紀に
人類文化の深淵を辿りなおす

生態人類学は挑む

全16巻

◆は既刊、タイトルや刊行順は
変更の可能性があります

SESSION

◆SESSION 1
動く・集まる
大塚柳太郎 編

◆SESSION 2
わける・ためる
寺嶋秀明 編

◆SESSION 3
病む・癒す
稲岡 司 編

◆SESSION 4
つくる・つかう
伊谷樹一 編

◆SESSION 5
関わる・認める
河合香吏 編

◆SESSION 6
たえる・きざす
伊藤詞子 編

MONOGRAPH

◆MONOGRAPH 1
交渉に生を賭ける
東アフリカ牧畜民の生活世界
太田 至

◆MONOGRAPH 2
ウェルビーイングを植える島
ソロモン諸島の「生態系ボーナス」
古澤拓郎

◆MONOGRAPH 3
ニューギニアの森から
平等社会の生存戦略
須田一弘

◆MONOGRAPH 4
自給自足の生態学
ボサビの人びとのオートポイエーシス
小谷真吾

◆MONOGRAPH 5
川筋の遊動民バテッ
マレー半島の熱帯林を生きる狩猟採集民
河合 文

◆MONOGRAPH 6
バナナの足、世界を駆ける
農と食の人類学
小松かおり

◆MONOGRAPH 7
サバンナの林を豊かに生きる
母系社会の人類学
杉山祐子

◆MONOGRAPH 8
狩猟採集社会の子育て論
クン・サンの子どもの社会化と養育行動
高田 明

◆MONOGRAPH 9
微生物との共生
パプアニューギニア高地人の適応システム
梅﨑昌裕

MONOGRAPH 10
記憶でつながるモンゴル世界
風戸真理